양의 우물에서 퍼올린 생수 Ⅱ

아 버 지 의
마   음
위   로

양의 우물에서 퍼올린 생수 II

**아 버 지 의
마   음
위   로**

초판1쇄 : 2024년 7월 25일

지은이 : 박재신
펴낸이 : 이규종
펴낸곳 : 엘맨출판사

서울 마포구 토정로222 한국출판콘텐츠센터422-3
출판등록 제1998-000033호(1985. 10. 29)
전화 : 02) 323-4060
팩스 : 02) 323-6416

이메일 : elman1985@hanmail.net
홈페이지 : www.elman.kr

값 15,000 원
ISBN 978-89-5515-754-3

이 책에 대한 무단 전재 및 복제를 금합니다.
잘못된 책은 구입하신 서점에서 바꿔드립니다.

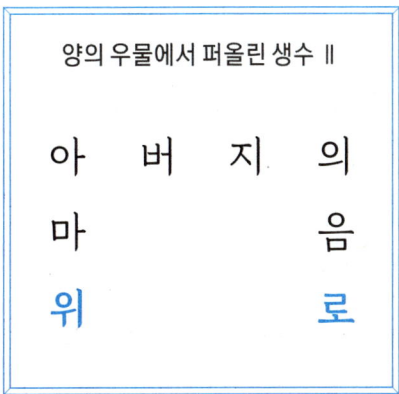

양의 우물에서 퍼올린 생수 II

아버지의 마음
위로

박재신 지음

엘맨
하나님의 사람을 만들어가는 ELMAN

프롤로그

우리 교회 표어는 "참 빛 예수 빛으로 전하자"입니다. 이 표어는 참 빛이신 예수님의 아름다운 덕을 세상에 나타내어 복음을 전해야 한다는 선교 비전을 담고 있습니다. 이 표어 아래 우리 교회는 선교하는 교회로 오늘까지 자리매김해 왔습니다.

개척 초기부터 선교하는 일을 최우선 과제로 삼았고 재정지출 1순위를 선교비로 사용하여 선교에 온 힘을 쏟았습니다. 예배당을 건축하면서 착공 예배와 준공 예배 때 각각 선교사를 파송하며 건물을 위한 건축이 아니라 선교를 위한 건축임을 분명히 했습니다.

저는 선교에 미쳤다는 소리를 듣는 것을 기쁘게 여기며 목회를 위한 목회가 아닌 선교를 위한 목회를 해 왔습니다. 오직 선교하는 일에 마음과 시간과 물질을 드렸습니다. 개척 당시 한 가정에서 출발한 교회가 지금은 청·장년 900명, 주일학교 400여 명이 매주 예배에 출석하고, 매해 재정수입의 30%를 선교비로 사용, 연평균 약 5~7억 원을 지출하는 교회로 성장하였습니다.

2023년 현재 13가정에 24명의 선교사를 파송하여 교단 내 12,000여 교회 중 두 번째로 많은 선교사를 파송한 교회가 되었습니다. 그리고 현재 교회 본당과 교육관, 어린이집을 포함하여 연건평 약 2,000평의 건물과 4,100여 평의 교회 대지를 확보하였습니다.

　물론 부채도 있습니다. 처음부터 빈주먹으로 시작한 교회였고 게다가 재정을 모으지 않고 선교하는 일에 올인 (all in) 하였기 때문에 대지를 마련하고 건물을 짓는 일은 빚으로 남게 되었습니다. 그러나 우리는 염려하지 않습니다. 빚을 못 갚아서가 아니라 안 갚은 것입니다. 대신 우리는 눈물과 땀을 섞어 하늘에 쌓았습니다. 선교를 포기하면 빚을 갚을 수 있겠으나 선교가 우선이고 그 사역을 포기할 수 없어서 빚은 주님께 맡기기로 했습니다. 하나님께서 하나님의 시간에 하나님의 방법으로 해결하실 것입니다.

목회를 위한 목회가 아니라 선교를 위한 목회를 하다 보니 많은 시간을 선교하는 일에 사용했습니다. 그래서 물리적으로 심방하는 일과 성도 돌보는 일이 늘 부족했습니다. 부족한 부분을 설교로 대신하기 위해 노력했습니다. 성령의 감동에 따라 강단에서 생수가 솟아나도록 간절히 기도하며 매 주일 열정적으로 설교하였습니다.

우리 교회는 어떤 인위적인 방법이나 프로그램으로 성장한 교회가 아닙니다. 설교가 성경 공부이고 설교가 훈련이었습니다. 설교를 통해서 심방하고 설교를 통해서 상담했습니다. 설교를 통해서 성도들을 만나고 교제한다고 생각하며 최선을 다했습니다.

설교는 저의 취미이며 은사이고 사명입니다. 제가 설교할 때 성령님이 일하심을 느낍니다. 강단에 서면 성령께서 말하게 하시는 것을 자주 경험하기 때문입니다. 그리고 틈틈이 글을 썼습니다. 설교를 위해 작성하는 원고 외에 주보에 목사의 마음과 생각을 담은 목회 칼럼을 써서 실었습니다. 우물에서 생수를 퍼 올리는 심정으로 저의 마음의 간절함을 담고 하나님의 마음을 담아 글을 썼습니다. 그리고 성도들은 그 주보를 믿지 않는 이웃들을 향한 사랑으로 전달하였습니다.

자연스럽게 우리 교회 주보는 전도지가 되었습니다. 코로나 이전까지는 "송천동을 주보로 덮자"라는 표어 아래 매 주일 13,000부가 송천동의 주민들에게 문서 전도 대원들을 통해 배포되었습니다. 감사한 것은 매년 우리 교회에 등록하는 새 신자들 가운데 주보를 읽고 등록하는 비율이 80% 이상이나 된다는 것입니다. 그래서 목회 칼럼을 쓸 때마다 하나님의 사랑과 목사의 간절함을 담기 위해 기도로 준비합니다.

글 한 편을 쓴다는 것은 결코 쉬운 일은 아닙니다. 해산의 수고에 비할 수 없지만 어떤 경우에는 엄청난 산고를 치른 후에 옥동자 품에 안는 심정으로 쓸 때가 참 많았습니다. 그렇게 30년의 세월 동안 써내려온 목회 칼럼을 선별하여 "양의 우물에서 퍼 올린 생수" 2권과 3권을 출판하게 되었습니다.

허약한 몸으로 나의 빈자리를 지키기 위해 늘 기도하며 그 자리를 채워 준 사랑하는 아내 윤정숙 사모와 이 책이 나오기까지 원고를 선별하며 교정하는 일에 수고해 주신 모든 분, 그리고 출판 및 배포를 위해 수고해 주신 엘멘 출판사 이규종 장로님께도 심심한 감사를 드립니다.

2023년 9월 12일 목양실에서
담임목사 박재신

목 차

프롤로그 4

 제1부 무너진 마음의 위로자　　　13

행복을 만들고 보관하는 곳　15

용서의 복음　18

복음의 빛　21

무너진 마음의 위로자　25

눈물　28

하나님을 의지하십시오　32

주님 앞에 서는 날을 위해　36

샘골과 솔내와 양정교회 이름　39

도(道)를 닦아도 안 됩니다　43

그래도 주님 계시기에　47

첫 예배를 드리며　50

아름다운 은퇴를 위하여　54

인생 광야 길에서　57

주님과 함께 걸읍시다　60

좋은 친구와 함께라면　63

목사, 아니면 목자?　66

일본에서 온 편지　69

양의 우물에서 퍼올린 생수 II

아버지의 마음 위로

제7차 선교 바자회의 목적　72

목사의 한계　75

참 감사한일　78

참된 행복을 원하십니까?　81

불필요(不必要)한 낭비?　84

새옹지마(塞翁之馬)　87

내 등의 짐　91

용기를 냅시다　94

하나님을 의지합시다　97

쥐의 마음　100

거룩한 바보　103

좋은 것으로 주시는 하나님　106

진정한 보장 보험　109

열방을 향해 일어나는 주의 청년들을 기대하며　112

염려할 수 있는데 왜 기도하십니까?　115

제2부 내 삶의 무게 중심   119

천국, 지옥 정말이면 어쩌려고   121
예수의 피는 우리의 생명입니다   125
살아 있는 교회, 죽어 가는 교회   128
경계해야 할 일들   131
영혼을 위해 사는 삶   135
용서   138
그리스도인 됨의 의미   141
선교와 교회당 건축   144
화목을 위하여   147
믿으면   151
선교해야 하는 이유   154
새벽 시간을 기도로   158
하나님을 의식하고 사는 사람   161
복음의 빚을 갚는 일   164
주님이 감격하시게 하십시오   167
예수님처럼은 못 되어도   170
예수님의 마음   173
양정인의 3대 정신   177
금식을 마치며   180
우리 교회 주보   184
우리 교회 장로 수와 선교사   187
가장 양정교회다운 것   190
명령은 변동 없음   193
월드컵 때문에   196
명품 브랜드 '양정인'   199
기억해야 할 것   202
주는 것 없이 사랑할 수도 없습니다   205
좋은 교회   208
차든지 뜨겁든지   211
주님을 따른다고 하는 것   214
그리스도의 편지   217
우리 교회의 표어   221

 **제3부 선교사, 선교지 이야기   225**

미얀마에서 온 편지   227

미션   231

선교 정탐 여행을 마치고   234

베트남에 다녀와서   238

키르기스 선교여행을 마치고   242

믿음을 지킨 증거가 있는가?   246

김재정 선교사를 보내며   249

군사 메들리를 부릅시다   253

몽골에 '양의 우물'이   256

달라이 백(비쉬켁 소망교회 청년 이야기)   259

불교의 나라 태국   262

키르기스 비쉬켁에서   265

선교의 눈   269

선교사 영성 수련회와 성지 비전 트립을 마치고   272

인도의 12억 영혼을 바라보며   276

태국 짜이마이 교회 헌당식   279

태국의 7천만 영혼들에게 복음을   282

방글라데시 선교지 방문을 마치고   286

남아공 선교사 수련회   290

선교지에서 온 편지   295

추방당한 선교사들의 아픔을 보며   300

· 스위스_융프라우(Jungfrau)

제1부
무너진 마음의 위로자

· 케냐_투루카나(Turkana) · 전통가옥

행복을 만들고 보관하는 곳

  실험에 의하면 밀가루로 만든 가짜 약을 환자로 하여금 특효약인 것처럼 믿게 해서 투약해도 진짜 효과가 나타난다고 합니다.
  의학 용어로 위약 효과(僞藥效果, placebo effect)라고 합니다. 말기 암 환자가 항암 효과가 있다는 혈청치료를 받고 3일 뒤 매우 호전되어 의사도 놀랐다고 합니다. 그러나 얼마 뒤 그 약이 가짜였다는 사실을 알자 실망한 환자가 곧 사망한 사례가 있었다고 합니다. 이런 위약 효과는 육체의 질병이 마음 상태에 따라 직접적으로 영향을 받는다는 것을 보여 주는 것입니다.

  사람은 육체와 영혼으로 만들어졌습니다.
  마음이란 영혼과 육체의 결합에서 나타나는 생명 작용 현상입니다. 한 사람의 품성과 인격을 담는 그릇이기도 합니다.
  영혼의 소망과 육체의 욕구에 대하여 동시에 반응하기 때문에 영적

열망에 따라 경건해지기도 하고 육체의 정욕을 따라 어두워지기도 합니다. 그래서 사람의 모든 질병은 약 70%가 마음의 병에서부터 시작된다고 합니다.

독일의 신비주의자였던 타울러(Tauler, Johammes)라는 사람이 몹시 가난한 한 사람을 만나 이렇게 인사를 했습니다.
"하나님께서 당신에게 좋은 날을 주셨군요." 그러자 그 가난한 사람이 "제게는 나쁜 날이 하나도 없습니다."라고 대답했습니다.
타울러는 또 말했습니다.
"그러면 하나님께서 당신에게 행복한 삶을 주셨군요."
그러자 그 가난한 사람은 대답했습니다.
"나는 날씨가 좋아도, 비가 와도 하나님께 감사드립니다. 하나님의 뜻은 내 뜻이고 하나님이 기뻐하시는 일은 나도 기뻐하는데, 왜 불행하지 않은 때에 불행해해야 합니까?"
그 말에 타울러는 놀라서 다시 물었습니다. "당신은 누굽니까?" 그러자 그는 "나는 왕이요."라고 대답했습니다. "그럼 당신의 나라는 어디에 있습니까?"라고 다시 묻자, 그 사람은 "내 마음에 있소."라고 대답했습니다.
그렇습니다.
행복은 마음에 있습니다. 마음이 행복해야 진정한 행복이 있습니다. 마음의 건강이 육신의 건강이고 마음의 행복이 결국 모든 삶의 행복입니다.

영국의 로버트 우스터(Robert Wooster) 교수가 전 세계 54개국 국민들이 느끼는 행복 도를 조사했는데 재해와 분쟁으로 세계에서 가장 가난한 나라로 인식되어 온 방글라데시 국민들이 1위를 기록했습니다.

미국은 46번째, 우리나라는 23번째입니다.

방글라데시 국민들은 누가 뭐라고 하든 가장 행복한 국민들인 것입니다. 이 자료는 잘 사는 것과 행복하다고 느끼는 것은 다르다는 것을 입증해 주고 있습니다.

결국은 마음의 문제입니다.

성경은 "대저 그 마음의 생각이 어떠하면 그 위인도 그러한즉…" 이라고 말하였습니다(잠 23:7). 그리고 "하나님의 나라가 너희의 마음 안에 있다" 하였고(눅 17:21), "하나님의 나라는 먹고 마시는 것이 아니요 오직 성령 안에서 의와 평강과 희락"이라고 하였습니다(롬 14:17).

환경 탓, 사람 탓 하지 마십시오. 여러분의 마음에 성령이 오셔서 자신을 주장하도록 하십시오. 성령과 예수님께 푹 빠져 보십시오.

성령으로 가득한 마음은 행복을 만들어내는 공장이 되고 행복을 보관하는 창고가 됩니다.

(2000. 11.26)

용서의 복음

　서기관과 바리새인들이 간음 중에 현장에서 발각된 한 여인을 예수님께로 끌고 와서는 "모세는 율법에 이러한 여자를 돌로 치라 명하였거니와 선생은 어떻게 말하겠나이까?"라고 물었습니다.
　그들이 그렇게 말함은 예수님을 함정에 빠뜨리기 위함이라고 성경은 말하고 있습니다.
　"율법에 따라 돌로 치라"라고 하면 그들은 분명 용서와 사랑을 전했던 예수님의 가르침을 꼬투리 잡을 것이 분명합니다.
그리고 "율법에는 돌로 치라고 했지만 용서하라"고 말하면 그들은 필시 예수님을 모세의 율법을 폐하는 자라고 공격했을 것입니다.
그들의 심중을 모르지 않는 예수님은 잠시 침묵하셨고 잡혀 온 여인에게는 감당할 수 없는 시간이 흘렀습니다. 여인은 수치감과 두려움에 떨고 있었고 기세등등한 바리새인들은 예수 그리스도가 난감해 하고 당황해하기를 은근히 기다렸을 것입니다.

얼마의 시간이 흘렀을까?

잠시 땅에 무엇인가 글씨를 쓰시던 예수님은 침묵을 깨고 "너희 중에 죄 없는 자가 먼저 돌로 치라"라고 하셨습니다. 예수님의 그 한 마디는 그들 모두를 죄인으로 만들었습니다. 그렇게 당당하던 그들이 예수님의 이 말씀 한마디에 다 양심의 가책을 느꼈기 때문입니다.

누구 한 사람 돌을 들 수 없었습니다.

스스로 의인인 체 하던 자들이 예수님 앞에 죄인이 되는 순간이었습니다. 하나둘씩 떠나고 난 그 자리에서 주님은 불쌍한 죄인을 향해 "나도 너를 정죄하지 아니하노니 가서 다시는 죄를 범하지 말라."(요 8:11)라고 용서의 복음을 말씀하셨습니다.

사람들은 정죄했지만, 예수님은 용서하신 것입니다.

여인의 모든 허물과 약점을 다 용서하신 것입니다. 그리고 미래에 대한 소망을 말씀하셨습니다. 다시는 죄를 짓지 말라는 것입니다. 단번의 모든 용서로 다시는 죄를 범하지 아니할 가능성을 일깨워 주신 것입니다.

용서는 죄인을 의인 되게 합니다.

아마도 무조건 용서받은 이 여인은 주님의 말씀대로 다시는 범죄 하지 않는 삶을 살았을 것입니다.

우리는 주님의 용서에 대한 확신을 가져야 합니다.

신학자 칼 바르트(Karl Barth)는 유대인 600만 명을 학살한 아돌프 히틀러에게 해주고 싶은 말이 있다면 무엇이냐는 질문에 "예수 그리스도께서 당신의 죄를 위해 죽으셨습니다."라고 말하고 싶다고 했습니다.

그렇습니다.

사람들은 그를 십자가에 못 박았습니다.

처절한 고통의 회리바람에 갈가리 찢겨 심령의 통곡이 울려 퍼지는 골고다의 언덕바지에 그렇게 매달리셨습니다. 주님의 못 박히심은 못 박는 그들을 용서하시기 위함이었습니다. 그리고 버림받음은 자신을 버린 사람들을 용서하시기 위함이었습니다.

'예수 그리스도가 용서하신다는 것' 이것이 복음입니다. 우리로서는 용서할 수 없는 사람도 예수님은 용서하셨습니다.

세상 사람들은 통념적으로 사람을 죄인과 의인으로 분류합니다. 그래서 감옥에 있는 사람들은 모두 죄인이고 감옥 밖에 있는 자신은 의인이라고 생각합니다. 그러나 진정한 의미에서 의인은 없습니다.

모두가 다 죄인입니다.

드러난 죄와 드러나지 아니한 죄의 차이일 뿐입니다. 하나님은 두 가지가 다 '죄'라고 말씀하고 있습니다. 의인은 없나니 하나도 없다고 못 박았습니다. 그러므로 세상에는 죄인과 의인으로 분류되는 두 종류의 사람이 아니라 자기 죄를 인정하는 죄인과 자기의 죄를 인정하지 않는 죄인 그 두 종류가 있을 뿐입니다.

그리고 주님의 용서는 자신이 죄인임을 고백하는 죄인에게 한없이 베풀어집니다. (2001. 4. 22)

복음의 빛

　언더우드(Horace Grant Underwood, 元杜尤, 1859-1916) 선교사는 원래 인도 선교사로 헌신했으나 동경 메이지 신학교에서 사역하던 엘트먼 목사의 조선에 대한 설교를 듣고 조선 선교사로 헌신하게 되었습니다.
　엘트먼 목사는 〈숨겨진 은자(隱者)의 나라 조선〉에 대해 소개하면서 "하나님은 여러분 중에 조선 1,300만 명의 영혼을 구원할 선교사를 부르고 계신다."라고 설교하였습니다.
　그러나 아무도 나서는 사람이 없는 것을 보며 안타까워하고 있을 때 언더우드는 "네가 가지 않겠느냐?"라는 하나님의 음성을 들었던 것입니다.
　인도 말을 유창하게 구사할 정도로 인도 선교를 준비했던 그로서는 모든 것을 포기하고 새롭게 조선 선교에 나선다는 것은 모험이 아닐 수 없었습니다.
　그가 속한 교단인 개혁주의 교단 선교부에 조선 선교사로 지원했고

"너무 위험한 지역"이라는 이유로 두 번이나 거절당하였지만 포기하지 않고 다시 북 장로교회 선교부에 파송해 줄 것을 요청하였고 결국 이 땅에 최초의 공식 선교사로 오게 된 것입니다.

당시 조선은 정치적으로 갑신정변을 겪으면서 대단히 어려운 상황에 처해 있었습니다. 사회적으로는 잘못된 인습과 관습, 가난과 질병, 영적으로는 미신과 헛된 우상 숭배에 빠져 신음하고 있던 조선에 온 그는 이 땅 1,300만의 영혼들을 바라보며 떨리는 마음으로 다음과 같은 기도를 드렸습니다.

"오 주여, 지금은 아무것도 보이지 않습니다.
주님, 메마르고 가난한 땅, 나무 한 그루 시원하게 자라오르지 못하고 있는 땅에 저희를 옮겨와 앉히셨습니다. 그 넓고 넓은 태평양을 어떻게 건너왔는지 그 사실이 기적입니다.
주께서 붙잡아 뚝 떨어뜨려 놓으신 듯한 이곳, 지금은 아무것도 보이지 않습니다. 보이는 것은 고집스럽게 얼룩진 어둠뿐입니다. 어둠과 가난과 인습에 묶여 있는 조선 사람뿐입니다. 조선 남자들의 속셈이 보이지 않습니다. 이 나라 조정의 내심도 보이지 않습니다. 조선의 마음이 보이질 않습니다. 그리고 저희가 해야 할 일이 보이지 않습니다. 그러나 주님, 순종하겠습니다.
겸손하게 순종할 때 주께서 일을 시작하시고, 그 하시는 일을 우리들의 영적인 눈이 볼 수 있는 날이 있을 줄 믿나이다.

지금은 우리가 황무지 위에 맨손으로 서 있는 것 같사옵고 서양 귀신, 양귀자(洋鬼子)라고 손가락질받고 있사오나 저희가 우리 영혼과 하나인 것을 깨닫고 하늘나라의 한 백성, 한 자녀임을 알고 눈물로 기뻐할 날이 있음을 믿나이다.

지금은 예배드릴 예배당도 없고 학교도 없고 그저 경계와 의심과 멸시와 천대만이 가득한 곳이지만 이곳이 머지않아 은총의 땅이 되리라는 것을 믿습니다."

그렇습니다.

그의 믿음대로 이 땅에는 하나님의 은총이 임하였습니다.

개화기의 암울했던 조선 땅에 복음의 빛이 비치기 시작한 것입니다. 선교사들의 활동으로 병원이 세워지고 학교가 세워졌습니다. 전통적 유교의 관습에 의해 멸시와 천대를 받던 어린이와 여자들의 인권이 향상되었습니다.

복음은 근본적으로는 예수 그리스도의 십자가 희생을 통해 인간의 몸과 영혼을 죄에서 구원하는 것이지만 부수적으로 사람들의 마음을 밝게 하고 정신을 온전케 하는 역할을 합니다.

복음이 들어가면 사람들이 무지에서 벗어나고 온갖 미신과 헛된 우상 숭배가 사라집니다. 사람이 사람 대접받는 사회가 이루어집니다.

이 복음을 우리가 받았습니다.

그래서 우리는 복음의 빚을 진 사람들입니다. 이 빚을 갚는 것이 선교하는 일입니다. 이제 우리의 청년 20명이 태국의 산족 마을에 이 빛을 갚으러 갑니다. 열흘밖에 안 되는 짧은 시간이지만 많은 열매를 맺고 올 것입니다.

 무엇보다도 우리 청년들이 새로운 도전과 비전, 그리고 사명감을 깨닫고 돌아오면 좋겠습니다. 이들 중에서 새로운 가치관, 새로운 인생관으로 변화되어 이 시대를 책임질 수 있는 다윗 같은 사람, 바울 같은 사람들이 나오기를 기대합니다.

(2001. 8. 5)

무너진 마음의 위로자

미국 미시간 호프 대학의 심리학자 데이비드 마이어스 교수가 39개국 1만 8천여 명의 대학생을 대상으로 설문 조사하여 연구한 결과 행복하다고 생각하는 사람들은 공통적으로 자긍심, 절제력, 낙관적 태도, 외향적 태도 등의 '행복해지기 위한 심리 구조'를 지녔다고 발표하였습니다.

즉 행복의 열쇠는 돈이나 나이, 직업 이런 것들이 아니라 적극적으로 행복해지기 위한 마음의 상태가 중요하다는 것입니다. 사람에게 있어서 마음의 건강은 육체의 건강보다 중요합니다.

한 인간을 지탱해 주는 힘이 마음에 있기 때문입니다. 마음이 약하여 무너지면 모든 것이 무너지고 맙니다. 그래서 "행복은 마음먹기에 달렸다."는 격언이 생겨난 지도 모릅니다.

마음이 무너진 사람은 결코 행복할 수 없습니다.

절망과 자포자기에 빠져 스스로를 학대하고 파멸의 길을 가기 때문입니다. 성경에서 마음이 무너진 사람을 한 사람 찾는다면 바로 열왕기상 19장에 나오는 엘리야입니다. 그는 갈멜산 우상 숭배자들과의 기도 대결에서 하나님의 응답으로 승리하였습니다.

그러나 왕후 이세벨이 자신을 죽이려 한다는 말을 듣고 광야로 도망치다가 로뎀 나무 아래에 지쳐 쓰러지고 말았습니다. 그는 낙심과 절망에 빠져서 하나님께 죽기를 구하였습니다. 얼마나 지치고 힘들었으면 하나님께 죽기를 구했겠습니까?

전날 수많은 백성들이 보는 앞에서 살아 계신 하나님을 담대히 증거하고 하늘을 우러러 기도할 때 하늘에서 불이 내려와 하나님의 능력을 선포했던 그의 마음이 무너졌다는 증거입니다. 사람들은 어떤 문제에 부딪혔을 때 자신의 힘으로 견디려고 애쓰다가 더 이상 감당할 수 없게 된 최후의 순간에, 가장 손쉽게 자신을 억누르는 압박(stress)에서 벗어나고자 죽기를 바라며 자살이라는 극단적인 방법을 택하기도 합니다.

그러나 자포자기나 자살은 해결의 방법이 아닙니다. 그것은 하나님의 뜻이 아니며 오히려 회개할 기회도 얻을 수 없는 치명적인 죄악이 되는 것입니다.

우리는 우리의 무너진 마음을 위해 기도하고 있는 분이 있음을 알아야 합니다.

복음 성가 중에 "당신이 지쳐서 기도할 수 없고…" 로 시작되는 노래 중에 "네가 홀로 외로워서 마음이 무너질 때 누군가 널 위해 기도하네."라는 가사가 있습니다. 누군가 마음이 무너진 당신을 위해 기도하고 있다는 것입니다. 저는 그 노래의 작사자가 '누군가'로 표현한 그 '누군가' 가 누구일까 궁금했습니다.

이는 엘리야의 이야기에서 찾을 수 있습니다.
죽기를 구하는 엘리야를 한없이 부드럽게 대해 주시는 주님의 모습에서 우리의 무너진 마음에 힘을 주시고 위로해 주시는 분이 하나님이심을 발견합니다.
갈멜산 사건 이후 하나님의 능력과 권능을 더욱 확실하게 증거 해야 할 기회가 주어졌음에도 나약한 인간의 모습으로 도망치는 그의 종을 모르는 체하지 않으셨을 뿐 아니라 어떤 비난이나 꾸중도 하지 않으셨고 책망도 하지 않으셨습니다. 오히려 하나님은 천사를 보내어 지쳐 잠든 그의 몸을 어루만져 주셨고 생존에 필요한 물과 떡을 공급해 주시며 위로하셨습니다.

그렇습니다.
주님은 우리의 체질과 약점을 잘 아는 분이십니다. 내가 홀로 외로워서 마음이 무너질 때 그 때도 날 위해 기도하시고 역사하시고 계신 분이십니다.

(2001. 10. 21)

눈 물

　소설 「마지막 잎새」의 작가 오 헨리의 본명은 윌리엄 시드니 포터(William Sydney Porter)입니다.
　그는 텍사스주의 오스틴 은행에 근무할 때 은행 공금 횡령죄로 징역 5년 형을 선고받았습니다. 그는 순간적으로 돈에 눈이 멀어 죄수가 된 자신의 잘못을 깊이 뉘우치고 후회와 고통의 눈물을 쏟으며 수형 생활을 했습니다.
　그의 빵은 언제나 눈물에 젖었고 그의 수프에는 언제나 눈물이 섞여 있었다고 합니다. 그는 눈물 속에서 글을 쓰기 시작했습니다. 그리고 사랑하는 딸에게 자신이 감옥에 있다는 것을 알리지 않기 위해 본명 대신에 '오 헨리'라는 필명으로 소설을 발표했습니다.
　그는 감옥에서 나온 후 복역 기간 중 얻은 풍부한 체험을 소재로 글을 쓰기 시작하여 300여 편의 단편 소설을 쓰는 미국이 자랑하는 작가가 되었습니다. 결국 감옥 생활이 훌륭한 작가로 성장하게 하는 계기가 되었던 것입니다. 인생의 절망 속에서 그가 흘렸던 눈물은 인생 승리를 가져다주는 원동력이 된 것입니다.

눈물은 기뻐도 흐르고 슬퍼도 흐릅니다. 분노할 때도 눈물이 납니다. 실험실에서 사람의 눈물을 분석하면 물이 90%, 소금이 7%, 단백질이 2%, 점액소가 1%라는 결과가 나온다고 합니다. 그러나 인간이 흘리는 눈물에는 실험실에서 조사할 수 없는 중요한 또 하나의 성분이 담겨 있습니다.
그것은 사람의 진실과 마음이라는 것입니다.
물론 거짓으로 흘리는 눈물도 있겠지만 대부분 눈물에는 그 사람의 진실한 마음이 담기는 것입니다. 마음이 담기고 진실이 담긴 눈물은 수많은 메시지를 담아 사람들에게 잔잔한 감동을 줍니다.

얼마 전에 잊을 수 없는 어떤 눈물을 보았습니다.
주님께 성전 건축비의 10분의 1을 드리겠다며 한없이 흘리던 눈물입니다. 그것은 하나님의 은혜에 대한 감사의 눈물이었고 주님을 사랑하는 사랑의 눈물이었습니다. 그들은 자신들에게 그런 마음을 주신 것을 감격해했습니다. 그리고 부부가 동일한 마음이라는 것에 대하여도 너무 기뻐했습니다.
적지 않은 물질을 주께 드리면서 모든 것이 다 주님의 것이라고 고백할 수 있는 그 믿음이 위대해 보였습니다. 그리고 그렇게 감사의 눈물을 흐르게 하는 주님의 사랑은 참 대단하다고 생각했습니다.

또 한 분의 눈물이 있습니다.

그분은 교회를 건축하기 위해 자신이 다니던 건축 회사를 휴직했습니다. 그리고 교회 건축을 위해 "양정 건설"이라는 회사를 만들었습니다. 사무실 오픈 예배를 드리면서 그 집사님은 목이 메어 말을 잇지 못했습니다. 자신을 쓰시는 주님의 은혜에 대한 감격 때문에 말입니다. 이런 눈물들은 그들이 하나님께 드린 그 어떤 것보다 더 값진 것입니다.

우리 시대는 눈물이 메말라 있습니다.

아니 눈물은 있어도 원망과 분노의 눈물뿐 감격과 긍휼의 눈물은 찾아보기 힘든 세상이 되었습니다.

안질로 고생하는 왕이 있었습니다.

찌르는 통증에 백약이 무효였습니다. 그러던 어느 날 한 사람이 찾아와 왕의 눈병을 고치겠노라 나섰습니다. 그는 왕을 궁궐 밖 백성들이 사는 마을로 인도하였습니다. 백성들의 삶은 왕이 생각했던 것보다 비참하기 이를 데 없었습니다.

어느 곳에서 통곡 소리가 들렸습니다.

그곳으로 가보니 오막살이 단칸방에 어린 자식 셋이 병들어 죽은 엄마의 시체 옆에서 울고 있는 소리였습니다. 왕은 불쌍한 마음에 눈물이 터져 통곡했습니다. 얼마 후 자신을 진정하고 난 왕은 깜짝 놀랐습니다. 그렇게 아프던 눈의 통증이 없어졌기 때문입니다.

자신이 받은 은혜와 누리는 것들에 대하여 감격의 눈물을 흘릴 수 있는 마음이 있다면 긍휼의 눈물도 흘릴 수 있는 사람입니다.

"나를 위하여 울지 말고 너희와 너희 자녀를 위하여 울라(눅 23:28)"고 하신 주님은 감격의 눈물을 흘릴 수 있고 긍휼의 눈물을 흘릴 수 있는 사람을 찾고 계십니다.

하나님을 의지하십시오

　조현삼 목사님이 지은 "캔콜라와 예수님"이라는 책에 다음과 같은 글이 있습니다.

　살림을 하고 계신가요?
　해도 해도 표도 안나는 집안 일이 날마다 반복 되구요.
　애들이 말이라도 잘 들어주었으면 좋겠는데...
　남편의 따듯한 말이라도 한 마디 기대해 보지만 그 역시....
　사업을 하고 계신가요?
　요즘 기업을 운영하시기가 많이 힘드시지요.
　자금난에.. 인력난에.. 거기다 갈수록 치열해 지는 경쟁...
　월급날이나 결재 일만 돌아오면 어디 숨어버리고 싶으실 때도 있으시지요.

직장을 다니고 계신가요?
매일 아침 출근전쟁(?)으로부터 시작되는 하루.
퇴짜맞은 결재 서류를 들고 돌아서야 하는 초라한 모습.
승진하고 간 동기의 빈자리를 지켜야하는 때도 있으시지요.
힘드시지요?

아마 이 글을 읽으면서 자신과 딱 맞아떨어져서 자기 얘기 같아 가슴이 뭉클한 사람이 있을 것입니다. 그렇다면 그분은 정말 쉼이 필요한 사람입니다. 현대인들은 육체의 피곤 보다 마음의 피곤을 더 느낀다고 합니다. 그런데 마음의 피곤은 영적인 곤고함에서 기인합니다.

영적인 곤고는 영원한 아버지를 떠나 있거나 그와 참다운 교제를 이루지 못하고 단절된 상태에서 오는 것입니다. 즉 마음에 참된 위로가 없어서 오는 현상입니다.
영적으로 곤고한 사람들의 마음에는 언제나 마음에서 실망과 열등의식, 두려움, 미움, 시기, 의심, 자아 학대 등이 자신을 괴롭힙니다. 이런 분들은 영혼의 아버지를 찾아야 합니다. 즉 영원한 아버지의 위로가 필요하다는 것입니다.

성경에 보면 너무 지친 나머지 삶을 포기하고 죽기를 구했던 한 사람이 있습니다.
엘리야 선지자입니다.

그는 갈멜산에서 정치적으로 아합 왕과 왕비 이세벨의 비호를 받는 우상 선지자 850명과 홀로 결사적인 대결에서 승리했지만, 한없이 지쳐 있었습니다.

몸과 마음이 피곤하여 로뎀 나무 아래 쓰러지고 맙니다. 그리고 "이제 족하오니 내 생명을 취하소서"라고 절망에 빠진 기도를 합니다(왕상 19:4-5).

그것은 몸과 마음이 지쳐 피곤한 자의 부르짖음이었습니다. 그때 하나님은 그를 깊이 잠자게 했습니다. 그리고 천사를 보내어 그를 어루만지게 하였습니다. 천사의 어루만짐은 하나님이 주시는 마음의 위로였습니다.

천사의 어루만짐은 엘리야의 곤고를 치료하였습니다.

그는 다시 힘을 얻어 밤낮 사십일을 쉬지 않고 걸어서 호렙산으로 갔습니다. 거기서 하나님의 음성을 듣고 새로운 사명을 받았습니다. 하나님은 지친 엘리야에게 휴식을 취하게 하신 후 다시 쓰신 것입니다.

오늘날도 마찬가지입니다.

영혼이 곤고하여 하나님의 어루만짐이 필요한 영혼들이 있습니다. 이들에게는 하나님의 어루만짐이 임하여야 합니다.

쉼은 결코 시간에 비례하지 않습니다.

짧은 시간이라도 진정한 쉼을 얻는 사람이 있는가 하면 하루 종일 놀아도 피곤한 사람이 있습니다. 진정한 쉼은 육체의 휴식에서가 아닌 마음의 휴식 즉 영혼의 위로에서 오는 것입니다.

곤고한 자에게 쉼을 주시기 위해 십자가의 고통을 기꺼이 받으신 예수님을 의지하십시오.

주님은 "수고하고 무거운 짐 진 자들아 다 내게로 오라 내가 너희를 쉬게 하리라"(마11:28)고 하셨습니다. 참된 쉼이 주어질 것입니다.

주님 앞에 서는 날을 위해

칭찬이나 격려는 때로 약한 사람 실망한 사람을 세우는 양약입니다. 그래서 성도들은 남을 칭찬하는 일에 인색하지 말아야 합니다.

칭찬을 못하면 최소한 나쁘게 말하지는 말아야 합니다. 실패와 좌절에 빠진 사람에게 예리하게 잘못을 지적하는 것은 별로 도움이 되지 못합니다. 오히려 더욱 의기소침하게 만들기 때문입니다.

또한 성도들은 이 세상에서 사람들의 위로와 격려를 바라지 말아야 합니다. 사람들은 자신에게 진정한 위로자가 아니라는 사실을 알고 영원하신 하나님으로부터 위로 얻기를 소망하고 영원한 하늘의 상급을 바라보아야 합니다.

"…세상에서는 너희가 환난을 당하나 강하고 담대하라 내가 세상을 이기었노라.(요16:33)"라고 말씀하셨습니다. 세상을 이기신 주님께서 함께하신다는 약속을 붙들고 힘을 잃지 말아야 합니다.

아프리카에서 사역하던 어느 선교사님은 여러 해 동안 많은 열정을 쏟았음에도 선교의 열매를 거두지 못했습니다. 오히려 풍토병으로 아들 둘과 사랑하는 부인마저 잃었습니다.

더 이상 사역을 계속할 수 없어 낙심한 채 고향으로 돌아가게 되었습니다. 그가 고향으로 돌아오는 배에는 휴가를 얻어 아프리카에서 사냥하고 돌아오는 미국의 대통령이 타고 있었습니다.

배가 샌프란시스코항에 도착했을 때 길에는 붉은 주단이 깔리고 은은하게 울리는 군악대들의 연주 소리와 함께 대통령을 맞이하기 위하여 수많은 사람이 부둣가에 나와 있었습니다. 대통령이 지나가자 붉은 주단은 걷히고 군악대의 나팔 소리도 멎었습니다. 그 뒤를 선교사는 홀로 고독하게 걸으면서 생각에 잠겼습니다.

'사냥을 갔다 오는 대통령은 저렇게 환영 받는데, 주의 복음을 전하다가 두 아들 그리고 부인마저 잃고 돌아오는 나를 맞이하러 나온 사람은 아무도 없구나.' 하는 생각에 눈물이 왈칵 쏟아졌습니다.

그는 고독감과 실패감에 사로잡혀 흐르는 눈물을 삼키며 정신없이 거리를 걸었습니다.

그때 한 음성이 들려왔습니다.

"사랑하는 내 종아! 너는 아직 고향에 돌아오지 않지 않았느냐! 네가 고향에 돌아오는 날 천군 천사의 나팔 소리와 함께 내가 너를 맞이해 주마. 붉은 주단이 문제가 아니라 황금의 유리 길을 깔고 내가 친히 너를 마중 나오마. 사랑하는 아들아 끝까지 충성하라."

그 선교사는 다시 힘을 얻고 아프리카로 돌아갔습니다. 그리고 그곳에서 죽을 때까지 주님을 위해 충성하였다고 합니다.

성도는 이 땅에서의 상급을 바라보는 사람이 아니라 하늘의 상급을 바라보는 사람들입니다. 이 세상에서의 칭찬이나 상급은 잠시 잠깐입니다. 그러나 하늘의 상급은 영원합니다.

우리가 이 세상에서 많은 일을 하고 큰 일을 하는 것도 중요합니다. 그러나 하나님께 인정받을 일을 하는 것이 더 중요합니다.

저는 우리 교우들이 가정에서나 사업장에서나 교회에서나 언제 어디서나 주님 앞에 서 있다는 의식이 충만하기를 기도합니다. 생각하는 것에나 말하는 것에 있어서 그리고 행동하는 것에 있어서 주님 앞에 서는 날을 염두에 두기를 소원합니다.

(2002. 2. 3)

샘골과 솔내와 양정교회 이름

　아주 오래전 아주 작은 시골 교회를 목회하고 있던 어느 날, 혼자서 샘을 파는 꿈을 꾸었습니다. 수십 길 넘도록 파 내려갔지만 물이 나오지 않아 포기하려 하다가 마지막으로 괭이를 힘껏 내리쳤는데 큰 물줄기 두 개가 분수처럼 솟아났습니다. 그리고 그 물줄기가 샘을 가득 채우고 골짜기에 흘러넘쳐 온 땅을 적시는 것이었습니다.

　그 꿈 이후 나는 목회하고 있던 시골 교회 이름을 '양정'이라고 바꾸고 싶었습니다. 그러나 여러 가지 사정상 그렇게 할 수 없어서 가슴에 품고 있다가 몇 년이 지난 후 하나님의 은혜로 우리 교회를 개척하게 되었을 때 주저 없이 '양의 우물' 즉 '양정교회(羊井敎會)'라고 이름을 정했습니다.

　저는 우리 양정 교회를 개척하면서 예수님께서 자신의 양 떼를 마음껏 먹이고 돌보시기 위해 마련한 하나님의 목장으로서의 푸른 초장을 상상했습니다. 이 하나님의 목장에서 나의 역할은 진정한 우물 되신 예수님에게서 생수를 퍼 올리고 말씀의 꿀을 잘 모아서 갈급하고 지친 양들이 풍성히 먹고 마시도록 공급하는 작은 목동의 역할을 충실히 하는 것이었습니다. 그래서 양의 우물에서 생수를 퍼 올려 꿀을 먹인다는 마음으로 말씀 중심의 목회를 시작했고, 오늘까지 그렇게 했습니다. 앞으로도 역시 그렇게 할 것입니다. 주님께서 이 일에 크신 은혜를 베풀어 주시기를 소원합니다.

우리 교회의 이름 양정에는 그러한 저의 목회적 소신과 사명이 담겨 있습니다. 그러고 보니 저는 우물(샘)과 관련이 많은 것 같습니다. 고향 '샘골'에서 태어나 자라고 양의 우물이라는 이름으로, 소나무 숲속을 하르는 냇물이라는 의미의 송천동에서 목회를 하고 있으니 말입니다.

저의 어렸을 적에 자랐던 고향 마을 이름이 홍천리 샘골입니다. '홍천(洪川)'이란 샘이 넓다는 것이고 그런 샘물이 있는 골짜기라는 뜻에서 샘골입니다. 그곳에 아주 작은 교회당이 있었습니다. 흙벽돌에 양철 지붕을 얹었고 바닥은 짚으로 엮은 멍석을 깔아서 아이들이 뛰면 먼지가 푸석푸석 났습니다. 초등학교 5학년 무렵 할머니 따라 처음 교회에 갔습니다. 예배 후에 있는 동화시간은 가장 기다려지던 시간이었습니다. 여름 방학에는 신학생이었던 전도사님의 아들이 서울에서 와서 성경학교를 열어주고 서울 얘기를 들려주며 더 넓은 세상이 있음을 가르쳐주었습니다. 주일마다 빠지지 않고 열심히 출석하고 고분고분했던 나를 선생님들은 머리를 쓰다듬어 주며 칭찬을 아끼지 않았습니다. 그 칭찬 듣는 재미에 교회 나가는 것이 또 그렇게 재미있을 수가 없었습니다.

중학생이 되면서 장년 예배에 참석하였습니다. 당시 교역자는 여자 전도사님이었습니다. 남편 전도사님이 복음을 전하다가 순교하시고 그 뒤를 이어 목회자가 되어 우리 교회로 부임하게 된 분이었고 비록 학식은 없으셨어도 언제나 성령이 충만하신 분이었습니다. 그분의 영성은 저에게 많은 영향을 끼쳤습니다. 일 년에 두어 차례 심령부흥회가 있었습니다. 그때는 외지에서 훌륭한 부흥 강사님들이 왔고 그분들이 전하는 하나님의 말씀은 나를 더 깊은 영적 세계에 대한 관심으로 빠지게 하였습니다.

성경을 읽으면서 눈물을 흘렸던 적이 한두 번이 아닙니다. 교회 바닥에 엎드려 밤이 깊은 줄 모르고 기도하며 하나님과 대화하였습니다. 기도할 때마다 날 위해 십자가에 달리셔서 피 흘리는 주님의 모습이 보였습니다. 그럴 때마다 내가 그분을 위해 무엇을 해야 하나 물음이 생겼습니다. 그리고 어린 나이였지만 말로 표현할 수 없는 기쁨과 감사가 넘쳤습니다.

나의 구주 나의 왕, 그분을 사랑하는 마음이 속에서 주체할 수 없이 흘러넘쳤습니다. 주님이 원하신다면 어디라도 가서 무엇이라도 하겠다는 생각이 가슴에 꽉 차올랐습니다. 울면서 주님께 헌신을 약속하였습니다. 십리 길, 한 시간 남짓 걸리는 학교를 오가며 "부름 받아 나선 이몸 어디든지 가오리다. 소돔 같은 거리에도 복음 들고 찾아가서 종의 몸에 지닌 것도 아낌 없이 드리리다." 이 찬송을 불렀습니다. 당시 이 찬송의 가사는 주님을 향한 나의 사랑 고백이었고 헌신의 약속이었습니다.

오늘 나는 주님에게 무엇을 드려야 할지 모르겠습니다. 영원한 생수를 주신 것도 그렇고 소돔 같은 거리와 아골 골짝 같은 곳에도 가겠다던 내게 이렇게 좋은 환경과 귀한 교우들을 만나서 목회하게 하시니 송구스러우면서 감사하기 이를 데 없습니다. 오늘의 누림이 황송하여 송두리째 드리고픈 마음 간절합니다. 하루하루 주님 앞에 선다는 마음으로 목회하기를 원합니다. 꾀부리지 않고 그저 있는 모습 그대로 주님께 드리렵니다. 주님께 드리기에 너무 보잘것없다는 것 잘 알지만, 주님이 쓰신다고 하시니 기꺼이 드립니다.

(2014. 2. 2)

도(道)를 닦아도 안 됩니다

　불교에서 살아 있는 부처라고 불린 성철 스님은 8년 동안 장좌불와(長坐不臥/눕지 않고 자지도 않으며 도를 깨치기 위해 수행하는 것)하고 10년 동안 동구불출(洞口不出/일체 바깥출입을 하지 않는 것) 하며 50년 동안을 옷 한 벌로 지내며 철저하게 무소유를 주장하였던 수도자였습니다.
　보통 사람으로서는 도저히 상상할 수도 없는 삶을 살았습니다. 그가 82년 동안의 인생의 길을 마치고 생을 마감하면서 "내 말에 속지 말라."라는 말을 남겼습니다.(원택 지음/우리시대의 부처 성철 큰스님 p40)

　해석하기에 따라 여러 가지로 설명될 수 있겠지만 그가 마지막 유언으로 남긴 열반게송에서도 이렇게 말하고 있습니다.
　"일생 동안 남녀 무리를 속여 하늘을 넘치는 죄업은 수미산을 지나친다. 산 채로 무간지옥에 떨어져서 그 한이 만 갈래나 되니 둥근 한 수레바퀴 붉음을 내뿜으며 푸른 산에 걸렸도다."라고 말입니다. 26세에 출가하여 평생 불도에 심취해서 살았던 그의 영혼이 마지막 외쳤던 말은 결국 지옥 간다는 것이었습니다.

인간은 자력으로 구원받을 수 있는 존재가 아닙니다.

수행을 통해서 어느 정도 선인의 경지에 이를 수는 있어도, 죄라는 약점을 스스로 극복하고 구원에 이를 수는 없는 것입니다. 있다고 하면 그것은 인간의 자만이요 교만에 불과합니다.

앵무새가 노력하여 인간의 말을 몇 마디 배웠다고 해서 사람이 되는 것이 아니듯 인간이 도를 깨달아 우주의 이치를 통달하고 그 어느 누구도 따르지 못할 심오한 진리를 터득하여 도인이 되었을지라도 그 자신을 스스로 구원할 수는 없는 것입니다.

어떤 사람이 죽어서 천국 문 앞에 도착하였는데 천사가 "이곳을 통과하려면 당신의 점수가 1,000점이 되어야 하는데 당신이 세상에서 한 일 가운데 점수를 얻을 만한 것이 있으면 얘기해 보세요."라고 했습니다.

"저는 장로로 20년을 봉사했습니다." 그러자 천사가 "2점"이라고 소리쳤습니다. 그는 자신의 점수가 겨우 2점밖에 안 된다는 말에 깜짝 놀라며 계속 말했습니다.

"저는 아이들을 훌륭하게 잘 키워서 목사, 교수, 정치가 등등 교계와 사회에서 존경받는 위치에 있습니다."

"정말 훌륭하군요. 1점 가산입니다."

그는 벌써 땀을 뻘뻘 흘리며 긴장하고 있었습니다. 1,000점을 만들어야 하는데 좀처럼 점수가 올라갈 것 같지 않았기 때문입니다. 조바심이 난 그는 계속 말을 이어갔습니다.

"저는 지난 60년 동안 주일학교 교사도 했으며 구역예배를 인도하기도 하였습니다."

천사는 그의 이야기를 듣고 또 말했습니다.

"당신은 정말 모든 면에서 훌륭하군요. 또 2점 가산입니다."

천사의 말에 정신을 잃을 것 같았습니다.

더 이상 내놓을 만한 일도 없는데 이제 겨우 5점밖에 안 되었기 때문입니다. 도저히 자신의 점수로는 천국에 들어갈 수 없다는 것을 깨달은 그는 낙심하여 자리에 주저앉아 울면서 말했습니다.

"주여! 이 정도면 천국에 갈 수 있겠지 하고 살아왔는데 저의 교만을 용서해 주십시오. 5점밖에 못 받았으니 어찌하오리까? 나는 죄인입니다. 저를 도와주십시오."

그렇게 울고 있을 때 천사가 다가와 "1000점"하고 소리쳤습니다. 그리고 천국 문이 열렸답니다.

천국은 어떻게 들어갈 수 있을까요?

사람들은 자신의 공덕이나 쌓은 노력으로 천국에 들어간다고 생각합니다. 그러나 천국은 결코 자신의 노력이나 공덕으로 가는 곳이 아닙니다.

예수님을 믿으면 하나님의 자녀가 됩니다.

자녀가 되면 그의 모든 죄를 하나님께서 예수께서 흘리신 피로 깨끗이 씻어주십니다. 그래서 용서받은 죄인이 됩니다.

사실 용서받은 죄인은 의인과 같습니다. 용서받아서 구원받는 것입니다. 도(道) 닦아서 얻는 것이 아닙니다.

이것은 전적으로 하나님의 은혜입니다. 믿는 자에게 하나님이 주시는 선물입니다. 하나님의 자녀 되는 것 그것이 바로 구원입니다. 그리고 천국(구원)이 그의 것입니다.

(2002. 5. 19)

그래도 주님 계시기에

'천사'라는 아이디를 가진 분이 제게 보내주신 글 한 편을 소개합니다.

극한 어려움과 고통 속에서도 주님의 따듯한 사랑과 위로의 손길을 깨닫고 오히려 감격의 경배를 드릴 수 있는 믿음이 담겨 있는 글입니다.

많이 아팠습니다
버리고 싶었습니다
돌아서고 싶을 때도 있었습니다
수없이 가슴을 쓸어 내려야 했습니다
슬픔이 목에 걸려
목이 아프도록 토악질을 했습니다
얼굴 씻고 돌아서면 또다시 눈물에 젖습니다

하지만,
내 영혼을 만지시는 당신의 손길
내 삶을 회복하시는 당신의 위로

그리고,
나를 향한 당신의 대책 없는 사랑
그 감당할 수 없는 사랑에
나 다시 당신의 발 앞에 엎드립니다
주님! 당신을 사랑합니다.

  이 글을 읽으면서 마음속 깊은 곳에서 일어나는 그 어떤 감동이 나의 마음을 감싸는 것을 느꼈습니다.
  수없이 가슴을 쓸어내려야 하는 슬픔과 토악질을 해야 할 만큼 큰 고통 속에서도 자신의 영혼을 만지시는 주님의 손길을 느낄 수 있고 자신을 향한 조건없는 하나님의 사랑을 느낄 수 있는 그의 살아 있는 영성이 부럽습니다.
  더없이 힘들고 어려울 때, 그리고 지쳐서 일어날 기력조차 없을 때 다가와 어루만져 주시는 주님의 손길을 느낄 수만 있다면 그것은 더 이상 불행이 아닙니다.
  불행은 자기 곁에 아무도 없다는 느낌을 받을 때입니다. 사람은 누군가에게 인정받는다고 생각할 때 가장 힘 있고, 가지고 있는 능력이 충분히 발휘된다고 합니다.

사람들은 남을 인정하기를 싫어합니다.

자신이 소외될 수 있다는 상대적인 박탈감에서 그렇겠지만 정말 믿음의 사람은 자신을 주장하지 않습니다. 자기주장을 내세워서 상대방의 말을 꺾고 승리감을 느낀다면 그것은 불신앙에 가까운 것입니다.

똑똑한 사람이 되어 사람을 실족시키기보다 차라리 바보가 되어 다른 사람을 세워주는 것이 훨씬 주님 보시기에 아름다운 모습입니다.
그러기에 어떻게 하면 '사람을 세워주는 목사'가 될까를 고민합니다.
나의 능력으로 감당하지 못할 사람들조차 이 힘없는 사람에게 세우라 하시기에 늘 아픔과 고민이 있습니다.
때로는 나 자신도 세울 수 없을 것같이 지쳐 있어도 내가 지치면 모든 이가 지칠까 다시 일어섭니다.

어떻게 하면 이 마음을 다 알게 할까…
말로 할 수 없는 말들이 있기에 마음으로 통하기를 바라지만 마음의 말들은 여전히 허공을 맴돕니다.
그래도 주님이 계시기에…
영혼을 만져주시는 사랑… 내 삶을 위로하시는 주님이 계시기에 오늘도 하늘을 우러릅니다.

(2002. 9. 8)

첫 예배를 드리며

지난주일 감격 속에 새 교회당 본당에서 첫 예배를 드렸습니다. 아직 강단에 무대장치가 설치되지 않고 곳곳에 미비한 점이 있기는 하지만 그래도 새 성전의 아름다움을 느끼며 여기까지 인도하신 축복을 느낄 수가 있었습니다. 오늘이 있기까지 역사하신 하나님의 은혜를 감사드립니다.

기도와 헌신을 아끼지 않고 수고한 모든 성도님께 감사드립니다.

실로 네 시작은 미약하였으나 나중은 창대하리라 하신 것처럼 등 떠밀리듯 시작된 이 대역사가 이렇게 특별한 어려움 없이 진행된 것 자체가 하나님의 역사요 축복이며 은혜이고 기적이 아닐 수 없습니다.

시작 자체가 하나님의 기적이었습니다.

우리가 계획을 세워서 추진했으면 지금과 같은 규모의 건축은 꿈에도 생각을 못 했을 것입니다. 실제로 처음 우리 교회가 주공아파트 건립으로 인해 이사해야 할 처지에 놓였을 때 보상받은 것으로 땅을 사서 조립식으로 건축해야 하겠다고 생각했었기 때문입니다.

건축 기간 중에도 꾸준히 새 교우가 등록하고 건축 과정에서 건축헌금이 아닌 선교헌금을 강조할 수 있는 교회, 그래서 건축 시작 기념으로 이응윤, 최은숙 선교사 부부를 태국으로 파송하고 이제 완공 기념으로 김재정 선교사를 파송할 수 있게 하시고 우리 교회 짓기 전에 구소련 키르기스스탄의 비쉬켁에 "비쉬켁 소망교회"를 설립할 수 있게 하신 것들은 하나님의 기적이 아니면 생각할 수도 없는 일들이었습니다.

교회란 건물이 중요한 것이 아닙니다.
건물이 성전이 아니라 이 건물 안에 모여 있는 사람들이 성전입니다.
사람이 거룩해야 건물도 거룩한 것입니다. 건물이 거룩하다는 것은 구약 시대적 사고이고 자칫하면 건물을 우상시하는 잘못을 범할 수가 있습니다. 하나님은 당신의 은혜 입은 백성들이 모여서 하나님을 찬양하며 경배하는 모임의 처소로써 예배당을 우리에게 주신 것입니다.

지금까지 저와 우리 교회는 성전 터를 구입하는 것이나 건축을 목회의 과제 또는 교회의 목표로 설정해 본 적이 없습니다. 왜냐하면 그것은 교회의 궁극적인 목표가 아니기 때문입니다.
17년 전부터 지금까지 오직 선교하는 일에 열정을 쏟았습니다. 크게는 아니어도 나름대로 열심히 했습니다.

저는 솔로몬 성전에 하나님의 영광이 가득했던 것처럼 우리가 지어 드리는 이 건물에 하나님의 영광이 충만하게 될 줄을 믿습니다. 그러나 건물이 새 건물이어서 하나님이 영광을 받으시는 것이 아닙니다. 건물이 주님이 원하시는 대로 쓰임 받을 때 영광을 받으시고 그 건물 안에 있는 사람들로 인하여 기뻐하시는 것입니다.

이 건물은 예배와 선교, 교제와 지역사회를 위한 봉사의 장으로 활용될 것입니다. 웅장하고 호화롭게 지어 주일에 한 번만 문 열고 내내 빗장 걸어놓는, 말 그대로 성전이 아닌 언제나 사람들이 모이고 불신자들조차도 찾을 수 있는 열려 있는 공간이 되게 할 것입니다.

처음부터 그렇게 활용되기를 목적하고 설계했습니다.
강단을 단지 예배 공간만이 아닌 문화, 예술 공연 및 영화상영 등을 소화할 수 있도록 장치 했습니다. 그리고 앞으로 다가오는 영상미디어 시대에 매체를 통한 예배 및 선교의 가능성을 보며 방송실 기능을 업그레이드했습니다.
송천동 지역의 어르신들이 와서 쉬고 한방 물리치료 및 이·미용 서비스를 받을 수 있는 경로 복지실과 인터넷실 그리고 청소년들을 위해 공부방을 꾸미고 어학 훈련실을 만들었습니다.
앞으로 교회 안에서 필요한 문화적 욕구를 채워주는 일을 위해 찬송가와 복음성가 및 건전가요를 부를 수 있는 노래방과 샤워장을 갖춘 헬스장 및 탁구장을 설치할 것입니다.

이제 양정의 지체들이여!

교회에 대한 자부심과 긍지를 갖게 되기를 바랍니다. 주님이 원하시는 교회, 불신자들이 칭찬하는 교회가 되어야 합니다. 그래야 복음이 땅 끝까지 편만하게 전파될 것입니다.

우리가 찬양하는 하나님의 이름이 우리로 인해 이방인들에게 조롱거리가 되게 하여서는 안 됩니다. 빛은 어둠을 비춥니다. 여러분의 삶의 현장에서 주님을 빛내는 작은 촛불이 되십시오. 그 작은 불빛들이 양의 우물가에 모여지면 세상을 크게 비춰는 커다란 등대가 될 것입니다.

(2002. 9. 15)

아름다운 은퇴를 위하여

개신교 선교사로서는 처음으로 중국에 발을 디뎠던 로버트 모리슨(Robert Morrison 1782-1834) 선교사가 중국 선교를 위해 배를 탔을 때 미국인 선장이 그에게 물었습니다.

"모리슨 씨, 당신이 정말 중국에 위대한 영향을 미칠 수 있다고 생각하십니까?" 그러자 모리슨이 대답했습니다.

"아닙니다. 저는 못합니다. 그렇지만 하나님께서 하실 것이라고 생각합니다."

1834년, 그가 죽었을 때 그의 뒤에 남은 개신교 교인들은 기껏해야 12명 정도였습니다. 그러나 1세기 후에 중국 땅에는 약 3백만 명 정도의 그리스도인들이 생겨났습니다. 그리스도에게 헌신된 한 사람의 영향은 인간의 생각으로 계산할 수 없는 놀라운 결과로 나타나는 것입니다.

"한 알의 밀이 땅에 떨어져 죽으면 많은 열매를 맺고…"라고 말씀하신 주님의 말씀은 언제나 살아 있습니다. 그리스도인들의 믿음이란 죽어도 산다는 확신을 가지고 자신의 삶을 아낌없이 주님을 위해 불태울 수 있는 용기를 말하는 것입니다.

인생에 주어진 시간은 그리 길지 않습니다. 우리가 주님을 위해 일할 수 있는 시간도 역시 마찬가지입니다.

지난 목요일 우리 노회의 덕망 있는 어른이신 삼례 동부교회 이은익 목사님의 은퇴식이 있었습니다.

삼례 동부교회에서 33년 동안 목회하시고 아직 정년퇴임의 날까지 2년이나 남았는데 후배에게 자리를 물려주시고 명예롭게 뒤로 물러나시는 목사님의 모습은 참으로 아름다워 보였습니다.

예배가 진행되는 순서마다 여기저기서 목사님의 은퇴를 서운해하고 아쉬워하는 성도들의 흐느끼는 모습도 볼 수 있었습니다. 그날 이은익 목사님의 은퇴식을 보면서 언젠가 있을 나의 은퇴식 모습을 상상해 보았습니다.

바울 사도가 디모데후서 4장 7절에서 "나는 선한 싸움을 싸우고 나의 달려갈 길을 마치고 믿음을 지켰으니 이제 후로는 나를 위하여 의의 면류관이 예비 되었으므로"라고 말한 것처럼 그렇게 아름답고 명예로운 은퇴식을 만들어 낼 수 있을까? 하고 말입니다.

명예롭고 아름다운 은퇴식은 하루아침에 만들어지는 것이 아닙니다.

하루하루의 삶을 은퇴하는 날이라는 생각으로 최선을 다하여 헌신적으로 살아갈 때 마지막 은퇴식이 추하게 되지 않고 아름다워질 것입니다.

토요일 오후 주일 준비로 몸과 마음이 쫓기고 있는 시간, 다급한 목소리가 전화기를 통해서 들렸습니다.
"목사님! 우리 아버지 돌아가신 것 같아요. 빨리 와주세요."
황순자 권사님의 부친 황재열 성도가 금년 83세를 일기로 하나님의 부르심을 받으신 것입니다. 급히 가보니 방금 운명하셔서 몸에 온기가 느껴졌습니다. 조금 전 까지만 해도 숨 쉬고 말하고 하셨을 그는 세상의 모든 근심과 아픔, 수고와 눈물의 순간들을 벗은 가장 평안한 모습으로 누워 계셨습니다.

임종 예배를 드리면서 성도는 죽어도 그 영혼이 하나님 나라에 들어가기 때문에 "성도의 죽음을 하나님께서 귀하게 여기신다."라는 말씀을 선포하였습니다. 황재열 성도의 인생 은퇴식에 축사를 한 것입니다.
가족들은 마지막 가실 때 말씀 한마디 못하셨다고 슬퍼했습니다. 그러나 황재열 성도는 몇 마디의 유언보다 더 위대한 유언을 지금 우리 모두에게 하고 있습니다.
인생 누구에게나 인생 무대에서의 은퇴식이 있고 그날은 쉬지 않고 다가오고 있다는 것을 말입니다.
여러분의 인생 무대는 어떻습니까? 아름답고 명예로운 퇴임식을 준비하고 계십니까? (2002. 11. 24)

인생 광야 길에서

 출애굽 한 이스라엘 백성들이 약속의 땅 가나안으로 갈 수 있는 두 갈래의 길이 있었습니다.
 하나는 블레셋 영토를 통과하여 가는 넓고 편한 가까운 지름길이었고 다른 하나는 홍해 바다를 건너서 가야 하는 광야의 멀고 먼 길이었습니다. 그런데 하나님은 두 길 중에서 가깝게 갈 수 있는 지름길을 놔두고 멀리 돌아가는 홍해 길, 즉 광야 길로 가게 하였습니다.

 멀리 돌아가는 길로 가게 하신 것입니다.
 그 길은 앞에 홍해 바다가 막혀 있고 사막의 모래바람, 뜨거운 햇볕, 그리고 밤중의 추위와 광야의 온갖 위험이 도사리고 있는 길이었습니다. 아무도 가보지 않은 길, 없는 길을 가게 하신 것입니다.

 이러한 사실은 오늘을 사는 우리에게도 귀한 교훈을 주고 있습니다.

인생길에서도 지름길을 놔두고 때로는 돌아가게 하시는 경우가 있다는 것입니다.

사람들은 모두가 지름길, 편한 길 가기를 원합니다.

그러나 세상일이 그렇게 내 뜻대로 되지 않습니다.

안 겪을 일 다 겪고 당할 일 다 당하면서 자기 짐뿐 아니라 남의 짐까지 짊어지고 비틀거리며 가야 할 때가 있습니다.

기도하고, 선히 살려고 몸부림치건만 말입니다.

때로는 원치 않는 질병으로, 때로는 뜻하지 않는 사고로 정말 힘겹고 버거운 인생길이 되기도 합니다. 그러나 낙심하지 맙시다.

하나님이 우리와 함께 계시면 문제없습니다.

광야길 가게 하셨지만 낮에는 구름 기둥, 밤에는 불 기둥으로 백성들을 인도하셨습니다. 이스라엘 백성들은 힘들어도 언제나 하나님의 함께하심을 느낄 수 있었습니다.

우리 교회 홈페이지에 "함께 있어 좋은 사람들" 이라는 주제로 글을 올리는 분이 있습니다. 그분이 올린 글 중에 이런 내용이 있습니다.

"하나님은 일 년 내내 푸른 하늘만을 약속하시진 않았습니다. 사계절 내내 꽃들이 피어있는 길만을 주겠다고 하지도 않았습니다.

폭풍우 없는 바다, 슬픔 없는 기쁨만의 날들, 고통 없는 평화를 약속하지도 않았습니다. 그러나 하나님은, 우리가 어떤 역경에 있건 오늘도 살아갈 힘을 약속해 주셨습니다.

올곧게 뻗은 나무들보다 휘어 자란 소나무가 더 멋있고 똑바로 흘러
가는 물줄기보다 휘청 굽이친 강줄기가 더 정답습니다. 일직선으로 뚫
린 바른길보다는 산 따라 물 따라 가는길이 더 아름답습니다.
 곧은길이 끊어져 길이 없다고 주저앉지 마십시오.
 돌아서지 마십시오. 삶은 가는 것입니다. 그래도 가는 것입니다.
 우리가 살아 있다는 건
 아직도 가야 할 길이 있다는 것.
 곧은 길만이 길이 아닙니다. 빛나는 길만이 길이 아닙니다. 굽이 돌아
가는 길이 멀고 쓰라릴지라도 그래서 더 깊어지고 환해져 오는 길.
 서두르지 말고 가는 것입니다. 서로가 길이 되어 가는 것입니다. 생을
두고 끝까지 가는 것입니다."

 그렇습니다.
 우리네 삶이 아무리 어렵고 힘들어도 하나님이 함께하시기 때문에
살아야 할 가치가 있습니다. 굽이굽이 돌아가는 인생 광야 길이라도
하나님이 함께 계시면 두렵지 않습니다.

주님과 함께 걸읍시다

　기독교인들이 굳게 가진 믿음 가운데 하나는 하나님이 언제나 함께 하신다는 사실을 믿는 것입니다. 기쁘고 좋은 일이 있을 때뿐 아니라 힘들고 어려운 때에도 결코 우리 곁을 떠나지 않으신다는 것입니다.
　그래서 진정한 크리스천은 어떤 어려움 속에서도 결코 좌절하지 않습니다. 실패해도 절망하지 않습니다. 어떤 환경에서도 주를 부인하지 않습니다. 왜냐하면 예수님이 항상 함께하신다는 것을 의심하지 않기 때문입니다.

　러시아 공산당의 혁명 직후 모스크바 어느 거리 깊숙한 지하실에서 잡혀가지 아니한 신도들이 모여 비밀 예배를 드리고 있었습니다. 그러나 얼마 못 가서 비밀경찰에 의해 발각되고 말았습니다.
　비밀경찰의 조사는 엄격하게 진행되었습니다.
　전체 교인의 숫자가 파악되었고 한 사람 한 사람의 이름이 파악되었습니다. 그런데 파악된 숫자보다 한 사람의 이름이 부족한 것이 발견되었습니다. 교인들이 그 한 사람의 이름을 말하지 않은 것입니다. 비밀경찰은 그들이 말하지 않은 그 사람이 가장 우두머리라고 생각하고 갖은 고문을 다 하였습니다. 달아난 그가 누구냐는 것입니다.

결국 매를 수 없이 맞고 알려준 이름은 예수 그리스도의 이름이었습니다. 예수 그리스도께서 자신들과 함께 계셨다고 믿었기 때문에 자기들의 숫자에 예수님을 포함시켰던 것입니다.

예수 그리스도는 우리의 믿음 속에서뿐 아니라 우리의 여러 가지 환경 가운데 실재적으로 임재하십니다. 함께 계셔서 우리의 인격과 삶을 움직이고 주관하고 계십니다.

얼마 전 우리 교회 집사님이 교회에서 어떤 일을 하다가 전기톱으로 왼손 엄지와 장지를 많이 다치고 검지가 절단되는 사고를 당했습니다.

제가 응급실로 찾아갔을 때 침대에 누운 그 분이 한 말은 "목사님 아주 평안합니다."였습니다. 그리고 옆에 있던 부인 집사님은 "오른손이 아니고 왼손가락이어서 얼마나 감사한지 몰라요."라고 했습니다.

손가락이 절단되는 상황, 그것도 교회 일을 하다가 말입니다. 그런데도 마음의 "평안"을 유지할 수 있고 원망과 불평이 아닌 "감사"를 말할 수 있는 것 그것이 믿음이요 성령의 사람만이 할 수 있는 고백입니다.

그 후 하나님의 은혜로 봉합 수술이 잘 되어 손가락이 조금 짧아지긴 했지만 잘 치료되었습니다.

그 집사님은 여전히 지금도 변함없이 굳은 일, 힘든 일 마다하지 않고 열심히 봉사하고 있습니다.

교회 성장학자이며 긍정적 사고(思考)로 유명한 로버트 슐러(Robert Schuller) 목사의 딸이 사고로 다리를 절단한 후 잘 걷지 못하게 되었을 때 목사님은 "어떻게 걷느냐가 문제가 아니라 누구와 함께 걷느냐가 문제다."라고 말하였다고 합니다.

그렇습니다.
인생길을 걸어갈 때 누구와 함께 어디로 걸어가느냐가 중요합니다.
어느 복지 관련 책임자가 걷지 못하는 소아마비 소년을 입원시켜 수술하게 하고 오랫동안 걷는 연습을 시켜서 정상인이 되게 하였습니다. 그런데 몇 년 후 그 소년은 나쁜 길에 빠져 큰 죄를 짓고 감옥에 가게 되었습니다.
그때 그 책임자는 "우리는 걷는 방법은 가르쳐 주었지만 누구와 함께 걸어야 하는지는 가르쳐 주지 못했다."라고 한탄하였다고 합니다.
금년도 벌써 두 번째 주일을 맞습니다. 여러분, 일 년을 누구와 함께 걷겠습니까? 올 일 년 동안, 아니 인생길 다 가도록 주님과 함께 걸읍시다.

(2004. 1. 11)

좋은 친구와 함께라면

　1994년 11월 14일 저녁, 땅거미가 지고 짙은 어둠이 몰려올 무렵 성경번역 선교회 소속 선교사인 월튼(Chuck Walton)은 남부 필리핀 빵우따란(Pangutaran)섬의 자택에 침입한 열두 명의 무장 괴한에 의해 납치되었습니다.
　눈을 가리운 채 쾌속정에 실려 네 시간 남짓 끌려가는 동안, 그리고 깊은 정글 속 비좁은 철창에 갇혀 지낸 23일 동안, 월튼 선교사는 살아서 돌아갈 것에 대한 희망을 품지 않았다고 합니다.
　왜냐하면 테러범들이 선교사를 인질 삼아 몸값을 요구할 때 협상에 응하지 않는 것이 대부분의 선교 단체가 시행하고 있는 원칙이기 때문입니다.

　우리 교단 총회 세계 선교회 규약에 보면 선교사가 납치되면 어떤 경우에도 인질범들과 협상하지 않는다는 규약이 있습니다. 왜냐하면 일단 몸값을 지불하기 시작하면 도처의 선교사들을 붙잡아 갈 것이 분명하기 때문입니다. 그래서 선교사들이 일단 테러범들에 의해 납치되면 끝내 순교하는 경우가 많습니다.

월튼 선교사는, 지난 81년 컬럼비아에서 테러범들에게 납치되어 끝내 순교하고 말았던 위클리프 선교회 소속 비터(Chet Bitter) 선교사를 떠올리며 자신 앞에도 순교의 잔이 놓여 있음을 직감했습니다.
그러나 그는 두려워하지 않았습니다.
인질로 잡혀 있는 동안에 평소에 느낄 수 없었던 하나님이 자신과 함께하시는 강한 임재를 느낄 수 있었고 말할 수 없는 평안함이 임했던 것입니다. 그의 평안하고 의연한 모습에 오히려 테러범들이 의아해했다고 합니다. 결국 테러범들은 월튼 선교사를 죽이지 않고 풀어 주었습니다.
월튼 선교사가 인질로 잡혀 있을 동안 그를 평안하게 해주었던 것은 "내가 사망의 음침한 골짜기로 다닐지라도 해를 두려워하지 않을 것은 주께서 나와 함께하심이라." 라는 시편 23편 4절의 말씀이었습니다.

영국의 한 신문사에서 "영국 끝에서 런던까지 가장 빨리 가는 방법은 무엇인가?"라는 주제로 공모를 했습니다. 여러 가지 답이 나왔습니다.
비행기를 이용해서, 기차를 이용해서, 자동차를 이용해서… 등등
여러 가지 답이 나왔는데 영예의 일등은 바로 "좋은 친구와 함께 가는 것"이었습니다.

좋은 친구와 함께라면 물리적 시간은 많이 걸려도 심리적 시간은 아주 짧게 느낄 수 있기 때문입니다.

낯선 사람과 인사도 없이 엘리베이터 안에서 느끼는 몇 초 동안의 짧은 시간이 심리적으로는 몇 시간이 될 수 있습니다. 그러나 사랑하는 사람과 그리고 마음 통하는 친한 친구와 함께 있는 시간은 아무리 길어도 짧게 느껴지는 것입니다.

비록 환난과 고통이 있어도 기쁘고 즐겁게 인생길을 가는 비결이 있습니다. 그것은 바로 사랑하는 주님과 함께하는 것입니다.

감리교의 창시자 존 웨슬리(John Wesley)는 "가장 최선의 것은 하나님께서 우리와 함께하시는 것이다(The best of all is God is with us.)."라는 말을 했습니다.

그렇습니다.

주님과 함께함이 행복입니다. 그것이 최선입니다. 그것이 축복입니다. 어린아이에게 엄마가 전부이듯 그리스도인들에게는 주님만이 전부이기 때문입니다. 그분은 우리의 가장 좋은 친구이십니다(요 15:15).

(2004. 1. 18)

목사, 아니면 목자?

가끔 우리 교회 성도님들을 한 사람씩 떠올리며 그분들에게 목사인 나는 어떤 존재일까 하는 생각을 해볼 때가 있습니다.

성도들이 목사를 어떤 태도를 가지고 바라보느냐에 따라 그들의 신앙에 미치는 영향이 크기 때문입니다. 대부분의 성도는 하나님의 사역자 또는 대리자로 여깁니다. 그래서 주의 종 또는 주의 사자라고 호칭합니다.

하나님의 소명을 받아 일하는 사람이기에 목사 자신도 그렇게 불리는 것에 대하여 좋게 생각합니다.

문제는 입으로는 주의 종이요, 주의 사자라고 하지만 실제로는 그렇지 못한 것을 많은 성도에게서 발견하게 된다는 데 있습니다.

목사직에는 구약 성경의 제사장과 선지자의 기능이 부여되어 있습니다. 그래서 제사장과 선지자의 역할을 보면 목사직의 기능을 알 수 있습니다.

제사장은 스스로 하나님께 다가갈 수 없는 죄인들과 하나님 사이에 중보자로서 제사를 집전하여 하나님과 이스라엘 백성들의 관계에 있어서 다리 역할을 했습니다. 그래서 제사장은 백성들의 입장에서 하나님께 나아가는 사람입니다.

그러나 선지자는 하나님의 관점에서 백성들에게 다가갑니다. 하나님 쪽에서 거의 일방적으로 문제를 제기하고 그에 따른 백성들의 응답을 요구합니다. 그때 나타나는 메시지는 책망일 수도 있고 심판의 선언일 수도 있으며 위로와 소망과 복의 선포일 수도 있습니다.

중요한 것은 제사장의 역할이든 선지자의 역할이든 하나님과 이스라엘 백성 사이에 화목을 추구하였다는 것입니다.

이스라엘 백성들이 하나님과 영적으로 올바른 관계가 이루어질 때는 제사장은 하나님과 자신들 사이에 중보자로, 선지자는 하나님의 대리자로 인정되었습니다. 그러나 하나님과의 관계가 어긋나면 제사장이나 선지자는 더 이상 아무 의미도 없는 관계가 되어버립니다. 제사장은 사람들에게 버려졌고(느 13:9,10) 선지자의 외침은 더 이상 하나님의 말씀으로 들리지 않았습니다.

백성들의 믿음이 살아 있을 때 제사장과 선지자는 그들 삶에 중요한 위치를 차지합니다. 백성들을 하나님과 연결하는 하나의 연결 고리였고 하나님의 복을 받을 수 있는 축복의 통로였습니다. 이런 현상이 오늘날 성도들과 목사의 관계에서도 거의 그대로 드러나고 있는 것을 봅니다.

목사는 옛날 제사장과 선지자가 그랬듯이 하나님의 권위를 힘입어 일하는 사람입니다. 목사도 다른 이와 다를 바 없는 하나의 연약한 인간이지만 하나님의 선택과 부르심 때문에 구별되어 주의 종(從) 즉 하나님께 붙잡힌 자가 되었기에 스스로 행할 수 없는 구속(拘束) 상태에 놓인 것입니다.

때로 성도들의 과분한 대접과 환영을 받으면서 몸 둘 바를 모를 때가 있습니다. 그것이 나 자신 때문이 아니라는 것을 알면서도 나의 주인 되신 주님이 받으실 영광을 내가 받는 것 같아서 가시방석에 앉아 있는 것만 같을 때가 있습니다.

맡겨주신 양 떼에 대한 애틋한 마음을 잃을까 봐 항상 두렵고, 주인이신 그분이 부여하신 권한 밖의 일을 행할까 봐 조심스럽습니다. 너무 조심하고 몸 사리다가 게으르고 나태한 종이라고 책망받는 것은 아닌지 근심될 때도 있습니다.

갈라디아 교인들이 바울을, 천사처럼 예수님처럼 영접하고 자기들의 눈이라도 빼줄 것처럼 공궤하였지만(갈 4:15) 후에, 믿음에서 떠나 그가 전했던 복음을 버리게 되자 바울은 그들을 위해 다시 해산하는 수고(갈 4:19)를 마다하지 않았습니다. 그와 같은 바울의 심정으로 일하기를 원합니다. 교인들에게 설교 꾼이 아닌 아픔과 고민을 보듬어주는 목자이기를 원합니다. 목사는 많고 교인도 많습니다. 그러나 세상에 남자가 많아도 내 아버지는 한 분이듯 목사가 많아도 양에게 목자는 하나입니다. (2004. 8. 22)

일본에서 온 편지

며칠 전 일본의 어느 구치소에서 수감생활을 하고 있는 한 형제에게 편지 한 통을 받았습니다. 그는 금년 42세 된 남자인데 현재 일본 법정에서 무기 징역을 선고받고 항소 중인 이항수라는 사람입니다.

왜, 어떤 잘못으로 남의 나라 일본 땅에서 무기 징역이라는 중형을 선고받았는지 구체적으로 말하지는 않았지만 그는 체포되기 전까지 조직폭력, 마약, 매춘 등에 가담하였다고 합니다. 한때는 많은 부하를 거느리며 뒷골목에서 밤의 황제처럼 군림하던 때도 있었지만 지금은 모두 떠나 버렸다고 했습니다.

최근까지 근 3년 동안을 독방 및 접근 금지 조치가 내려져서 가족은 물론 그 누구의 면회도 허락이 되지 않는 고독하고 외로운 수감 생활을 했습니다.

그런 상황에서 주님을 만났고 주님 앞에 자기 지난날의 모든 죄를 회개하고 신앙 고백을 하게 되었다고 했습니다. 여기에 그분이 보낸 편지의 일부분을 소개합니다.

"목사님! 들어 보지도 못한 생소한 이름이라 조금은 당황하셨을 것입니다. 목사님을 당황스럽게 했다면 용서해 주십시오. 제가 이렇게 목사님께 염치없고 어려운 글을 올리게 된 것은 양정교회 주보를 읽고 나서입니다.

일본에서 웬 양정교회 주보일까? 라고 생각하실 겁니다. 실은 제 누님께서 교회 주보를 우편으로 이곳에 보내와 주보에 실린 목사님의 글이 제 마음에 와닿았기에 염치를 무릅쓰고 매주 양정교회 주보를 구독할 수 있을까 해서 편지를 드립니다. 매 주일 어려우시다면 한 달에 한 번씩이라도 이곳으로 보내주실 수는 없겠는지요?

목사님!

주님을 알고 나서 새롭게 태어나려고 애쓰고 있습니다. 아직 방황하는 제 영혼을 위해 기도해 주십시오. 제가 이곳에서 절실히 필요로 하는 것은 관심입니다. 죽어가는 한 인간에게 관심을 부탁드립니다. 사모님께서 건강하시길 간절히 바라오며 염치없는 글 여기서 줄이겠습니다."

저는 이항수라는 분이 누군지 전혀 모릅니다. 그리고 편지에 소개된 자기에게 우리 교회 주보를 보내준 그 누님이라는 분이 어떤 분인지, 우리 교회 교인인지 아닌지도 잘 모르겠습니다.

중요한 것은 이분의 인생 중 가장 힘들고 어려운 시기에 주님은 그를 버리지 않고 찾으셔서 주님의 사람이 되게 하셨다는 것과 그가 이제 새사람이 되려고 몸부림치고 있다는 것입니다. 그리고 더욱 감사한 것은 우리 교회 주보가 바다 건너 일본 땅의 어느 감옥, 깊은 절망과 고독과 외로움만이 감도는 그곳에서도 읽히고 있다는 사실입니다.

 한 영혼이 주님을 만났고 주님의 은혜가 그를 새사람으로 만들어 이제는 주님을 위해 사는 삶이 되게 하실 것입니다. 우리 함께 이항수 형제를 위해 기도합시다. 이 형제가 주님 안에서 거듭나 남은 인생을 값지고 아름답게 주님을 증거하는 삶을 살게 되기를 위해서 말입니다.

(2004. 10. 3)

제7차 선교 바자회의 목적

우리 교회는 매년 두 번씩 선교 바자회를 열고 있습니다. 금년에도 오는 목요일부터 이틀 동안 바자회를 엽니다. 바자회의 목적은 선교비 마련입니다. 특히 이번에는 태국 치앙마이 이응윤 선교사의 사역을 지원하기 위해서입니다.

이응윤 선교사는 우리 교회 파송 1호 선교사로 그동안 싱가포르와 태국에서 신학 훈련 및 언어 훈련을 모두 마치고 본격적인 사역을 준비해왔습니다. 그는 중국어와 태국어를 자유롭게 구사할 수 있습니다.

태국 북부 도시인 치앙마이를 중심으로 황금의 삼각지대라 불리는 태국 미얀마 라오스 국경지대를 대상으로 선교사역을 하기 위해 사역의 중심이 될 선교 센터를 세울 건물을 확보하고 지금 수리 중입니다. 여기에 필요한 재정 확보가 이번 바자회의 중요 목적입니다. 선교 센터의 사역은 세 가지로 요약됩니다.

첫째는 교회를 개척하게 됩니다.

태국인들을 대상으로 하는 교회를 개척하고 태국 어린이 사역을 감당하게 될 것입니다. 이 일을 위해 이미 어린이 사역자인 김선진 선교사를 파송하였습니다. 그리고 태국에 살고 있는 중국인들을 위한 소그룹 모임도 하게 될 것입니다.

둘째는 행정 센터 기능입니다.

우리 교회와 CPM 회원 교회들에 의해서 태국 지역에 파송된 선교사들을 위해 행정적인 지원 서비스를 감당할 수 있는 사무실 공간과 잠시 머물 수 있는 게스트룸을 확보해야 합니다.

셋째는 현지인 사역자들의 훈련 및 파송을 위한 사역입니다.

현지 사역자들을 발굴하고 그들을 교육하고 그들을 선교지로 파송하는 사역을 하게 될 것입니다.

이러한 사역을 감당하기 위해 또 그 재원을 확보하기 위해 이번 바자회를 열게 되었습니다. 건물 3년 임대비, 건물 보수 및 사무실 집기, 예배실에 필요한 각종 음향 장비 등을 구입하는데 약 3천만 원의 재정이 필요합니다.

이번 바자회를 통해서 상당 부분 채워질 줄 믿습니다. 그런데 재정적인 목적 못지않게 중요한 바자회의 목적이 또 하나 있습니다. 그것은 우리 교회 온 성도가 화합되고 하나 됨을 이루는 것입니다.

바자회를 통해서 선교 재원을 확보하는 것도 중요한 일이지만 온 성도들이 한마음을 갖고 합력하는 모습을 나타내는 것은 더 중요합니다. 그러기에 조금은 힘들어도 화목이 깨지지 않게 해야 합니다. 서로 위로하며 격려하고 칭찬하십시오.

일을 하다 보면 본의 아니게 실수가 있고 잘못이 있을 수 있습니다. 그럴 때마다 감정적으로 말하거나 생각해서는 안 됩니다. 다 주님을 위해 하는 일입니다.

실수나 잘못은 탓하지 말고 오히려 격려하고 칭찬해야 합니다. 특히 앞에서 일을 추진하고 이끌어가는 일꾼들이 작은 실수나 잘못 때문에 비난받아서는 안 됩니다.

너그러운 이해와 용서, 사랑 그것만이 우리를 화합하게 하고 행복하게 합니다. 그리고 누구 한 두 사람만이 아닌 전 교인이 참여하는 바자회가 되어야 합니다.

매번 약 200명의 교우가 적극적으로 움직입니다. 이번에는 그 배로 많아지기를 바랍니다. 그래서 서먹하고 항상 뒤에서 구경하던 교우들이 바자회를 하는 동안 열심을 내고 적극적으로 봉사하고 교우들과 친밀해지는 기회가 되게 합시다.

언제나 그랬던 것처럼 힘들지만 기쁘고, 피곤하지만 은혜롭고, 지쳐도 보람을 느낄 수 있는 바자회가 되게 합시다.

(2005. 4. 24)

목사의 한계

 어떤 문제를 가지고 상담하러 온 교우에게 목사가 해줄 수 있는 것은 참 제한되어 있습니다. 그러나 아주 쉽게 정답을 말해줄 수도 있습니다.
 기도하시라고… 주님만 의지하시라고… 용기와 믿음을 잃지 말라고… 그런데 정말 문제는 이런 정답을 모르는 사람이 없다는 것입니다.
 기도할 줄 모르는 것 아니고 믿음을 갖고 싶지 않은 사람이 없기 때문입니다. 문제가 있고 정답도 있으니 아무런 문제 될 것이 없는데 여전히 사람들은 그 문제를 가지고 힘들어하고 괴로워하며 아파합니다. 그리고 목사에게 찾아와서 이야기합니다.

목사는 그가 아는 정답을 또 말합니다.
 믿음을 가지세요. 용기를 잃지 마세요. 더 열심히 기도하고 신앙생활에 충실해 보세요. 그러면 하나님이 도우실 것입니다.

지극히 교과서적인 정답을 목사는 주문 외우듯이 말합니다. 그런 정답 앞에 고개를 끄덕이고 어떤 깨달음을 가지고 실제로 그렇게 하여 주님의 도움을 받는 경우가 있습니다. 그런데 정답을 말해주면서도 목사의 마음이 공허할 때가 있습니다. 세상에는 그런 정답만 가지고는 안 되는 경우가 많기 때문입니다.

그게 문제입니다.

차라리 정답이 없으면 답을 찾는 노력이라도 해 볼 텐데 정답을 아는 문제를 가지고 와서 상담하는 교우에게 목사가 해줄 수 있는 것은 별로 없기 때문입니다. 직접 그 문제로 들어가서 진단하고 해결해줄 수가 없습니다.

언젠가 자동차가 고장이 났습니다. 수리점에 들렀더니 기술자가 몇 가지 공구를 가지고 차를 만졌습니다.

그리고 이내 "됐습니다."라고 했습니다.

그때 저는 "내가 사람을 가르치고 설교하고 돕는 일을 하는 목사인데 저 자동차 정비 기술자만도 못할 때가 많구나. 내게 문제를 가지고 찾아온 교우들에게 저렇게 몇 마디 말로 또는 기도로 또는 그 어떤 목회 활동을 통해서 즉시 문제를 해결해 주고 '교우님 됐습니다.' 라고 말할 수 있다면 얼마나 좋을까?" 라는 생각을 했습니다.

저는 목사지만 교우들이 지고 있는 그 짐을 직접 져 줄 수가 없습니다. 안고 있는 고통과 슬픔을 직접 덜어줄 수도 없습니다.

교우들의 문제를 기술자가 기계를 고치듯 그렇게 고쳐 줄 수가 없습니다. 그래서 성도가 문제를 가지고 오면 함께 웁니다. 내가 해줄 수 있는 것이 별로 없어서 웁니다. '어떻게 하지' 하면서 내가 더 안달하고 답답해합니다.

목사는 원래 양을 치는 '목자'라는 말에 그 의미가 있습니다. 사람을 돌보는 사람입니다. 교인이 된다고 하는 것은 목사의 돌봄을 받는다는 것을 의미합니다. 결국 이것은 신뢰의 문제요 사랑의 문제입니다.

내가 할 수 있는 일이 아주 제한되어 있지만 때로는 그 제한적인 것들 속에서 하나님이 일하시는 것을 봅니다.

언젠가 '하나님은 사람을 고쳐서 쓰신다.'라는 제목의 설교를 했을 때 어떤 교우가 큰 은혜와 감동을 받았다고 편지를 보냈습니다.

역시 사람을 위로하고 고치고 격려하는 일도 내가 하는 일이 아니고 하나님이 하시는 일임을 깨달았습니다. 목회란 결국 주님의 일을 하는 것이기 때문에 내가 할 수 있는 일이 별로 없는 것 같아도 그래도 열심히 합니다. '어떻게 하지…' '하나님 어떻게 해요.' 라고 하면서 말입니다.

(2005. 12. 4)

참 감사 한 일

본 교단의 기관지인 기독신문에 참 기분 좋고 감사한 기사가 실렸습니다. 기독신문 2006년 2월 15일 자에 총회세계선교회(GMS)가 최근 발표한 본 교단 총회 산하 노회와 교회들의 선교사 파송 현황에 관한 자료가 그것입니다.

이 자료에 의하면 우리 교회는 교단 전체에서 일곱 번째로 선교사를 많이 보낸 교회로 파악되었습니다.

우리 교단 전체 7,259개 교회 중에서 총회세계선교회(GMS) 소속으로 선교사를 10명 (5가정) 이상 파송한 교회는 14개 교회인데 우리 교회가 그중에 포함된 것입니다.

특히 10명 이상 파송한 교회들을 보면 모두가 우리 교회보다 5-10배 이상의 규모를 가진 우리 교단 내에서는 잘 알려진 큰 교회들입니다.

단순 비교가 아닌 교회 규모를 비교하여 참작한다면 우리 교회가 전체 1위를 할 수도 있겠다고 생각했습니다.

교회별 선교사 파송 숫자 및 순위		
1위 (28명)	광명교회	경기북노회
2위 (18명)	한가람교회	동평양노회
3위 (17명)	수영로교회	남부산노회
	낙원제일교회	동인천노회
4위 (15명)	천안장로교회	충남노회
5위 (14명)	왕성교회	동평양노회
	수원제일교회	수원노회
	진주성남교회	진주노회
6위 (11명)	동현교회	동서울노회
7위 (10명)	양정교회	북전주노회
	온서울교회	경기노회
	동신교회	대구수성노회
	동도교회	동평양노회
	신반포교회	서울노회

편집자주. 2024년 기준으로, 양정교회는 총 18명의 선교사를 파송하여 교단 내 다섯 번째 순위를 기록하고 있습니다.

선교를 무슨 순위 다툼이나 경쟁의식을 가지고 하는 것은 아니지만 저는 이 발표를 통해서 또 한 번 하나님께 감사를 드렸습니다.

우리와 같이 개척교회 티를 이제 갓 벗어난 교회가 수천 명 수만 명 모이는 큰 교회들과 어깨를 나란히 하고 또 비교하여도 결코 뒤지지 않는다는 것을 알았기 때문입니다. 여기까지 온 것은 전적으로 주님의 은혜이며 축복입니다. 그리고 전심 선교, 전력 선교, 전략 선교를 지향하는 3전 선교정책에 따라 온 힘을 기울여 충성한 우리 교회 성도들의 헌신 때문입니다.

선교는 숫자에 있는 것은 아닙니다.

숫자보다 중요한 것은 영혼 구원에 관한 뜨거운 열정과 섬기는 마음입니다. 선교사를 아무리 많이 파송하여도 그것이 섬김이라는 사실을 망각하면 그것은 하나의 사업일 뿐 주님을 기쁘시게 하는 것이 될 수가 없습니다.

선교사는 보냄을 받은 그 현장에서 자신에게 맡겨주신 영혼들을 섬겨야 합니다. 그리고 교회는 선교사를 섬겨야 합니다. 선교사는 주님의 명령을 수행하기 위해 나를 대신하여 파송된 분들입니다. 내가 가서 해야 할 일을 나 대신하고 있다고 생각한다면 한 분 한 분이 얼마나 귀하고 소중한 분들인지 모릅니다.

저는 이 부분에 있어서 우리 교회 교우들께 참 감사하고 고마운 마음을 가지고 있습니다. 그것은 우리 교회 성도들은 선교사들을 참 잘 섬긴다는 것입니다. 어떤 선교사든 우리 교회에 한 번 다녀가는 분들이 이구동성으로 하는 말이 있습니다.

양정교회는 참 뜨겁다는 것입니다. 그리고 참 편하다는 것입니다. 교인들이 선교사를 참 잘 대해준다는 것입니다. 그렇습니다. 그래야 합니다.

영혼 구원에 대한 열정과 선교사들을 대하는 우리들의 마음이 더욱 그래야 합니다. 그것이 우리의 본분이며 주님이 기뻐하시는 일이기 때문입니다.

(2006. 2. 26)

참된 행복을 원하십니까?

 사람이 무엇을 중요하게 생각하느냐에 따라 그의 생각과 말과 행동이 달라집니다. 무엇을 중요하게 생각하느냐에 따라 그것에 투자를 아끼지 않습니다. 정말 사람에게 중요한 것이 무엇일까요? 돈일까요? 명예일까요? 권력일까요? 육체의 아름다움이나 건강일까요?
 물론 그런 것들이 중요한 것은 사실입니다.
 세상에서 살아가려면 돈도 있어야 하고 건강도 있어야 합니다. 적당한 명예와 아름다운 용모를 지닌다는 것은 기분 좋은 일임에 틀림이 없습니다. 그러나 중요한 것은 그것들이 절대적으로 중요한 것은 아니라는 것입니다.

 세상에는 돈이 많아도 불행한 사람들이 많습니다.
 권세와 권력의 핵심에 있어도 불안한 사람들이 있습니다. 그리고 모든 인기와 명성을 한몸에 받고 있어도 외롭고 고독한 사람들이 있습니다.

세계 뭇 남성들의 마음을 사로잡았던 마릴린 먼로는 나이가 들어 늙으면 자신의 미모를 유지할 수 없을 것에 대한 불안에 싸여 36세의 나이에 자살하고 말았습니다. 성공했다고 다 행복한 것이 아닙니다. 건강하다고 무조건 행복한 것도 아닙니다. 인간은 육신 이외에 또 존재하는 것이 있기 때문입니다. 그것은 영혼입니다.

영혼이 만족하면 참된 행복이 찾아옵니다.
영혼이 잘 되어야 범사가 잘 되기 때문입니다. 그러므로 영혼의 요구에 귀를 기울여야 합니다. 구약성경 전도서 3장 11절을 보면 "사람에게 영원을 사모하는 마음" 이 있다고 하였습니다. 영혼의 요구는 영원한 세계를 사모하는 것입니다.

사람은 육체보다 영혼이 더 중요합니다. 육신은 길어야 70~80년을 살지만 영혼은 영원히 죽지 않습니다. 육신은 죽어도 영혼은 영원히 존재합니다. 어느 날 하나님의 부름을 받은 나의 영혼은 병들고 늙은 몸에서 빠져나오게 될 것입니다. 그것이 육체의 죽음입니다. 육신에서 빠져나온 영혼은 천사들에 이끌려 하나님의 나라 천국으로 가든지 마귀들에 끌려 유황불이 타오르는 지옥으로 가 영원히 끝이 없는 고생을 하든지 둘 중의 하나가 될 것입니다. 육신적으로 이 세상에서 아무리 훌륭한 이름을 남기고 권세를 얻으며 성공하였다고 해도 그 영혼이 지옥에 떨어지면 그것은 불행한 것입니다. 그러기에 인간의 참된 행복은 구원받아 천국 백성이 되는 것입니다.

사람은 세상에서 영원히 살지 못합니다.

잠시 후면 늙고 병들고 죽음이 찾아오고 죽음의 문턱을 넘어야 할 때가 옵니다. 그래서 인간은 죽음을 짊어지고 사는 존재입니다. 천하일색 양귀비도 죽었고 아인슈타인 같은 위대한 과학자도 죽었습니다. 에디슨 같은 발명가도 죽음을 이길만한 특별한 기계를 발명해 내지는 못했습니다. 영국의 처칠이나 노예 해방을 한 링컨과 같은 위대한 정치가도 정치의 힘으로 죽음을 물리칠 수 없었습니다.

우리 모두 마찬가지입니다. 우리 인간은 사망의 밧줄을 목에 걸고 사는 시한부 사형수입니다.

성경은 모든 사람이 죄를 지었으므로 사망이 인간에게 찾아왔다고 하였습니다. 그래서 언제나 사망의 밧줄을 목에 걸고 사는 것이 인생입니다. 대부분 사람은 영혼이 없다고 생각합니다. 아니면 영혼이 있다고 생각은 하면서도 영혼의 소중함을 모르고 삽니다.

죽음의 문턱에 설 때는 그것을 알게 됩니다. 무서운 지옥의 형벌이 기다리고 있음을 알게 될 것입니다. 그러나 예수 그리스도를 믿고 영접한 자는 죄 사함을 받고 영원한 천국의 행복을 소유할 수 있습니다.

만일 힘들고 고통스러운 인생길에서 몸부림치고 힘써도 만족이나 기쁨이나 행복을 모르고 살고 있다면 예수 그리스도를 믿고 그분에게 인생을 맡겨보십시오.

당신이 세상에 무엇으로도 얻지 못했던 참 기쁨과 행복을 맛볼 것입니다. 영원한 천국의 보장과 함께 말입니다. (2005. 5. 28)

불필요(不必要)한 낭비?

28세로 젊고 유망한 청년 짐 엘리엇(Jim Elliot, 1927-1956)은 1927년 미국의 오리건 포틀랜드에서 태어났습니다. 그는 신실한 그리스도인으로, 사람이 아닌 오직 하나님을 기쁘게 하려 했던 청년입니다. 그는 글을 잘 썼고, 가르치는 일과 설교하는 일에 뛰어난 재능이 있었습니다.

그가 기도할 때마다 마음속에서 "왜 어떤 사람은 복음을 한 번도 듣지 못하는데 다른 사람들은 두 번씩 들어야 합니까?"라는 생각이 떠나지 않았습니다. 그것은 그를 향한 하나님의 음성이었습니다. 어느 날 구원의 소식이 한 번도 전해지지 않았던 사람들인 '아우카' 부족에 관한 이야기를 들었습니다.

'아우카' 부족은 수백 년 동안 외부인들에 대하여 아주 호전적인 태도를 가지고 있는 부족이었습니다.

그는 오랫동안 기도한 끝에 '아우카' 부족에게 복음을 전하기로 작정하고 에콰도르로 향하여 갔습니다. 다른 동료 선교사들과 함께 경비행기로 마을 상공에서 선물을 떨어뜨려 주는 방법으로 그들과 친해지기 위해 애썼습니다.

얼마 후에 엘리엇은 4명의 동료 선교사와 함께 부족 사람들을 만나기 위해 경비행기를 타고 정글 위를 날아 에콰도르 동쪽 쿠라라이 강가에 착륙하였습니다. 그리고 이틀 뒤인 1956년 1월 8일, 선교사 다섯 명 모두 '아우카' 부족의 전사들에게 창과 도끼로 죽임을 당하였습니다.

이 일에 대하여 많은 사람이 비난하였습니다.

잘 교육받은 청년들이 위험한 오지에 들어가서 살해된 그 사건은 "불필요한 낭비(unnecessary waste)"였다는 것입니다. 그러나 이것은 결코 불필요한 낭비가 아닙니다. 하나님의 관점에서 볼 땐 거룩한 희생입니다.

한 나라든 국가든 민족이든 어떤 희생이 없이는 존재하거나 존속할 수 없습니다. 이 시대처럼 이기주의가 다른 어떤 가치보다도 더 높게 평가되는 사회에서는 바보 같은 소리로 들릴지 모르지만, 하나님께는 거룩한 희생이었습니다. 이 거룩한 희생의 가치는 천국에서 평가될 것입니다. 이런 논란을 예상이나 한 듯 '엘리엇' 선교사는 그의 일기장에 다음과 같은 글을 남겼습니다.

"영원한 것을 얻기 위해 영원하지 않은 것을 버리는 자는 결코 어리석은 자가 아니다(He is no fool who gives what he cannot keep to gain what he cannot lose)."

그렇습니다.

잠깐 있을 것, 순간 지나가는 것을 얻기 위해서 영원한 것을 포기하는

불필요(不必要)한 낭비? | **85**

것이 어리석은 일입니다. 그래서 예수님은 이 땅의 모든 그리스도인에게 좁은 문으로 들어가라고 했습니다. 비록 좁고 협착하여 찾는 이가 적어도 그 길이 생명길이라는 것입니다. 쉽고 편한 것만이 다 복이 아닙니다. 때로는 많은 희생이 따르고 고생이 따른다 해도 진정한 가치가 있는 길이 있습니다. 예수님을 믿고 그 뒤를 따르는 삶을 사는 일이야말로 영원한 가치를 추구하는 것입니다. 영원한 생명을 얻는 유일한 길입니다.

엘리엇이 순교한 후, 그의 아내 엘리자베스는 복음을 들고 그 부족을 찾아갔습니다. 남편을 죽인 호전적인 부족민들에게 그녀는 간호사로서 헌신적으로 섬기며 하나님의 사랑을 전하였습니다. 어느 날 추장이 그녀에게 "왜 이렇게 우리에게 친절한가?" 하고 물었습니다.

엘리자베스는 참았던 눈물을 흘리며 자기 남편이 얼마나 '아우카' 부족을 사랑했는지와 그 남편을 아우카 부족에게 보낸 하나님과 예수 그리스도의 사랑에 관한 이야기를 들려주었습니다. 결국 추장은 예수님을 영접하였고 부족 전체가 예수님을 영접하고 구원받았습니다. 나중에 짐 엘리엇 선교사를 죽였던 그 청년은 자기 부족의 목사가 되었습니다.

복음에는 '불필요한 낭비'가 없습니다.

복음은 반드시 열매를 맺습니다.

(2007. 7. 1)

새옹지마(塞翁之馬)

오랜 옛날 일어난 어떤 사건이나 일로 인하여 만들어진 관용어를 고사성어(故事成語)라고 합니다. 우리에게 잘 알려진 고사성어들은 우리나라 또는 서양에서 만들어진 것들도 있지만 대개는 중국의 고전(古典)에서 유래하고, 이것들은 상징이나 교훈에 있어서 언어의 표현을 아주 풍부하게 만들어 줍니다.

오늘은 우리가 흔히 아는 고사성어 중에 '새옹지마'라는 말을 소개할까 합니다. 새옹지마(塞翁之馬)는 직역하면 "변방에 사는 노인이 기르는 말"이라는 뜻으로 "변방의 노인이 말을 잃어버렸다."라는 의미에서 새옹실마(塞翁失馬)라고도 합니다.

옛날 중국 변방에 가난한 한 노인이 말 한 필을 애지중지 길렀는데 어느 날 이 애마가 홀연히 국경을 넘어 오랑캐 땅으로 도망가 버렸습니다. 동네 사람들이 찾아와서 "얼마나 상심이 크십니까?"라고 노인을 위로하자 노인은 조금도 슬픈 기색을 보이지 않고 태연하게 "누가 압니까? 이 일이 복이 될는지…"라고 말했습니다.

몇 개월이 지난 어느 날, 도망가 버린 줄 알았던 말이 훌륭한 적토마(胡駿馬) 한 필을 이끌고 집으로 돌아왔습니다. 이번에는 동네 사람들이 찾아와 노인에게 축하했습니다. 그러나 그 노인은 조금도 기쁜 내색을 하지 않고 차분히 말했습니다.

"누가 압니까? 이 일이 화가 될는지…."

한 편 그 노인에겐 외아들이 있었는데 그는 말타기를 좋아했습니다. 그런데 어느 날 그 외아들이 적토마를 타다가 떨어져서 다리뼈를 심하게 다쳤습니다. 또 동네 사람들이 찾아와 노인을 위로했습니다. 그러나 노인은 조금도 슬픈 표정을 하지 않았습니다. 그러고는 또 다음과 같이 말하는 것이었습니다.

"누가 압니까? 지금의 슬픔이 복이 될는지…."

그리고 일 년이 지난 어느 날, 북쪽의 오랑캐가 대거 침입해 들어와서 전쟁이 벌어졌고, 나라에서는 모든 청년을 군인으로 징발하여 전쟁터에 보냈는데 열에 아홉이 다 목숨을 잃었습니다. 그러나 노인의 외아들은 불구인 관계로 징집에서 면제되고 전쟁에 나가지 않아도 되었습니다. 그렇게 노인과 아들은 오랫동안 살았다고 합니다.

이야기는 반전에 반전을 거듭하면서 의연하게 대처하는 노인의 마음

가짐에 초점을 맞추고 있습니다.

　세상에는 늘 좋은 일만 있는 것도 아니고 늘 나쁜 일만 있는 것도 아닙니다. 지금의 좋은 일이 나쁜 일이 될 수도 있고 지금의 나쁘고 슬픈 일이 오히려 나중에 더 좋은 일이 될 수도 있습니다. 그러니까 어떤 상황이나 환경을 만나든지 그 환경에 지배되지 말고 겸허한 마음으로 그 일을 받아들이는 것이 중요합니다.

　조금 더 여유롭고, 조금 더 너그러운 삶의 태도를 가지는 것이 중요합니다. 왜냐하면 그리스도인들은 하나님의 선하심과 그분의 섭리를 믿기 때문입니다. 그분은 우리의 불행도 변하여 축복이 되게 하실 수 있고 복도 저주가 되게 하실 수 있는 분입니다.

　문제는 우리의 마음입니다. 하나님은 인간의 행복과 불행의 열쇠를 각자의 마음에 숨겨두셨습니다. 마음이 좁아져서 작은 일에도 쉽게 성내고 실망하고 좌절하고 낙심하거나 조금 성공했다고 크게 자만하거나 교만하면 결코 하나님께서 자신의 마음에 숨겨두신 행복과 축복의 열쇠를 찾을 수 없습니다.

　작은 나룻배는 바람이 조금만 불어도 강을 건널 수 없습니다. 그러나 커다란 군함은 태풍이 불어도 끄떡 없이 바다를 건너갑니다. 막연히 "인간사 새옹지마"가 아닌 세상을 다 품고도 언제나 여유로우신 주님의 은총을 입은 사람들로서 사람을 품고, 세상을 품고, 심지어 나를 미워하는 사람, 아니 내가 싫은 사람 조차도 그냥 가슴에 품고 서러우면 눈물 한 방울 찔끔 흘리며 기다리면 하나님의 정하신 때에, 하나님이 허락하신 곳에서 그분이 정하신 방법으로 위로와 칭찬 그리고 큰 복을 누리게 될 것입니다. 전능자의 그늘에서….

(2007. 12. 16)

내 등의 짐

　예수님이 인생들을 가리켜서 "수고하고 무거운 짐 진 자들"이라고 표현하신 것처럼 사람들은 저마다 짐을 지고 언덕을 오르는 것 같은 삶들을 삽니다. 가정, 자녀, 직장, 경제, 질병, 인간관계 등 그 어느 것 하나 쉽게 지고 갈 수 있는 것들이 아닙니다.

　하루하루 반복되는 일상의 수레바퀴가 삐거덕거리는 소리를 듣습니다. 돌다가 개울물 말라 멈춰버린 물레방아처럼 차라리 아무 생각도 없이 그 자리에 정지되고 싶을 때가 있습니다. 어깨의 짐이 너무 무겁고 힘들어서 지친 영혼들을 봅니다. 산다는 것이 짐이 되어버린 사람들의 한숨 소리가 있습니다.

　짊어지고 있는 인생 자체의 무게가 너무 무거워서 당장에라도 내려놓고 싶은 마음을 가지고 있는 사람도 있습니다. 짐을 벗어버리려고 여러 가지 노력을 합니다. 그런데 당장에는 힘들고 고통스러운 그 짐들이 인생에 있어서 참으로 유익하고 아름다운 결과를 가져오게 할 때가 있습니다.

인생에 있어서 짊어지고 가야 할 십자가, 즉 짐은 누구에게나 있는 것이고 그 짐을 어떻게 지느냐에 따라서 유익한 것이 될 수도 있고 생의 앞길을 가로막는 장애물이 될 수도 있습니다.

미국의 26대 대통령 시어도어 루스벨트(Theodore Roosevelt)는 근시였기 때문에 항상 안경을 두 개씩 가지고 다녀야 했고 쇠로 만든 안경집은 휴대하는 것이 불편하고 짐스럽기까지 했습니다. 어느 해 선거 운동 기간에 '슈렌크'라는 사람이 쏜 총에 가슴을 맞고 쓰러져서 의식을 잃게 되었고 의사가 와서 그의 몸을 살피던 중 그의 안주머니에서 박살 난 안경집을 꺼냈습니다. 총알이 쇠로 만든 안경집에 맞고 각도가 꺾이면서 급소를 피했고 그래서 생명을 건지게 되었던 것입니다. 나중에 루스벨트(Theodore Roosevelt)는 그 일을 기억하면서 "나는 그 쇠로 만든 안경집을 항상 귀찮은 짐으로만 생각했는데 그게 내 생명을 구했다."라고 말했다고 합니다. 평소 짐스러워했던 안경집이 찰나의 순간에 생명을 구하는 도구가 된 것입니다. '내 등의 짐'이라는 제목의 글을 소개합니다.

"내 등에 짐이 없었다면 나는 세상을 바로 살지 못했을 것입니다. 내 등에 있는 짐 때문에 늘 조심하면서 바르고 성실하게 살아왔습니다. 이제 보니 내 등의 짐은 나를 바르게 살도록 한 귀한 선물이었습니다.

내 등에 짐이 없었다면 나는 사랑을 몰랐을 것입니다. 내 등에 있는 짐의 무게로 남의 고통을 느꼈고 이를 통해 사랑과 용서도 알았습니다. 이제 보니 내 등의 짐은 나에게 사랑을 가르쳐 준 귀한 선물이었습니다.

 내 등에 짐이 없었다면 나는 아직도 미숙하게 살고 있을 것입니다. 내 등에 있는 짐의 무게가 내 삶의 무게가 되어 그것을 감당하게 하였습니다. 이제 보니 내 등의 짐은 나를 성숙시킨 귀한 선물이었습니다.

 내 등에 짐이 없었다면 나는 겸손과 소박함의 기쁨을 몰랐을 것입니다. 내 등의 짐 때문에 나는 늘 나를 낮추고 소박하게 살아왔습니다. 이제 보니 내 등의 짐은 나에게 기쁨을 전해준 귀한 선물이었습니다."

 참으로 의미 있는 글이라고 생각합니다. 자신의 등에 짊어지워진 짐이 역설적으로 삶에 역동적인 힘을 주었다는 것입니다. 힘들고 어려운 일이 있을 때 그 힘든 일을 너무 어렵게 생각해서 그 무게에 눌려 버리는 사람이 있습니다. 그러나 어떤 사람은 피할 수 없으면 즐기라는 말처럼 그 어려움까지도 내 삶의 일부분이라고 즐기는 사람도 있습니다. 그 두 가지 생각의 차이는 실로 엄청납니다.

 짐의 무게에 눌려서 허우적거리거나 엎드려 있는 사람이 되지 말고 그 무게를 적당히 즐기면서 삶의 한 부분이라 여기면 그것은 이미 짐이 아니고 내 생활의 한 부분이 되어 무게를 전혀 느끼지 못하게 될 것입니다. 그것이 바로 예수님이 말씀하신 쉼입니다. 오직 하나님의 은혜와 예수 그리스도를 믿는 믿음 안에 가능한 그것 말입니다. (2008. 2. 24)

용기를 냅시다

　일본의 고대 유적지를 발굴할 때 일꾼들이 작은 씨앗 몇 알을 찾아냈습니다. 그중에서 흠이 없는 씨앗 하나를 흙에 심고 온도와 습도를 잘 조절하여 며칠을 기다렸더니 놀랍게도 거기에서 싹이 났습니다.
　그 싹은 자라서 목련화 꽃을 피웠습니다.
　물론 꽃잎의 수가 현대의 것보다 적은 고대의 목련화였습니다. 수천 년 잠들어있던 생명의 힘이 적당한 환경을 만났을 때 나타난 것입니다.

　어쩌면 인생이란 이런 것이 아닐까요?
　성경은 사람이 하나님의 형상으로 지어진 존재라고 말하고 있습니다. 하나님의 형상이란 어떤 면에서 보면 무한한 가능성을 의미합니다.
　이 무한한 가능성이 연속되는 실패와 좌절의 늪에 파묻혀 용기를 잃고 실의에 빠져 사는 사람들이 있습니다. 그러나 한두 번의 실수와 실패 때문에 평생 좌절하며 사는 것은 결코 하나님의 뜻이 아닙니다.

실수와 실패의 경험 때문에 평생 자신을 학대하며 스스로 자신에게 올가미를 씌우고 사는 것도 주님의 뜻이 아닙니다.

"실패는 성공의 어머니"라는 말이 있듯이 실패를 전진의 징검다리로 삼는 지혜가 필요합니다.

어떤 책에서 실패에 관해 아주 좋은 명언들을 모아놓은 것을 보았습니다.

실패는 당신이 실패자임을 의미하지 않는다. 다만 당신이 아직 성공하지 못했음을 의미할 뿐이다.

실패는 당신이 아무것도 성취하지 못했다는 것을 의미하지 않는다. 다만 당신이 무엇인가를 새로 배웠음을 의미할 뿐이다.

실패는 당신의 위신이 손상된 것을 의미하지 않는다. 다만 당신이 무엇인가를 용감히 시도했었음을 의미할 뿐이다.

실패는 당신이 열등하다는 것을 의미하지 않는다. 다만 당신이 완전한 존재가 아님을 의미할 뿐이다.

실패는 당신이 인생을 낭비했다는 것을 의미하지 않는다. 다만 당신이 다시 출발해야 할 좋은 이유를 갖고 있음을 의미할 뿐이다(로버트 슐러 목사).

그렇습니다.

실패는 하나님께서 우리를 버리셨다는 것을 의미하지 않고 오히려 하나님께서 당신에 대하여 더 좋은 계획을 갖고 있음을 의미하는 것입니다.

용기를 냅시다.

성경의 위대한 인물들 모두가 실패와 실수의 징검다리를 건넌 사람들입니다. 과거의 실수와 실패를 미래를 향해 뛰는 발판으로 삼는 것이 믿음입니다.

과거의 좋지 않은 기억들과 지난날 겪은 마음의 상처들로 인해 미래를 향해 뛰어야 하는 자신의 발목에 쇠사슬을 걸지 마십시오.

하나님은 우리의 잘못된 과거를 트집 잡아 현재를 발목 잡는 분이 아닙니다. 그리스도 안에서 우리의 잘못된 과거는 십자가의 피로 용서해 주시고 우리에게 성공적인 미래를 주시기 위해 현재의 연약한 나를 붙들어 주시는 분이십니다.

그러므로 주님을 내 인생의 구경꾼이 아닌 내 삶의 현재를 움직여 주시는 분으로 믿고 영접하여 섬겨야 합니다. 내 삶의 실패들을 모아 축복의 징검다리가 되게 하시는 분이 바로 그 분이시기 때문입니다.

(2008. 8. 24)

하나님을 의지합시다

 딱따구리 기능대학을 갓 졸업한 딱따구리 한 마리가 나무에 착 달라붙어서 그동안 학교에서 배운 대로 나무를 쪼기 시작하였습니다.
 목에다 힘을 주고 겨냥을 잘해서 한 번 탁 쪼아보았습니다. 신기하게도 나무가 조금 떨어져 나갔습니다. 또 한 번 힘껏 쪼아댔습니다. 그랬더니 나뭇조각이 조금 더 많이 떨어졌습니다.
 딱따구리는 신이 났습니다. 그래서 이번에는 더욱 목에다 힘을 주고, 있는 힘을 다해 쪼았는데 그때 마침 하늘에서 날벼락이 그 나무에 떨어져서 커다란 가지 하나가 뚝 부러지고 말았습니다.
 벼락 소리에 정신을 잃었던 딱따구리가 잠시 후 깨어나서는 하는 말이 "하 참! 내가 힘을 내어 세 번째 콱 찍었더니 이 큰 나무가 이렇게 부러지네. 과연…"이라고 하며 자기 실력에 놀라더라는 것입니다.

 세상에는 이처럼 '딱따구리 근성'을 가지고 사는 사람들이 많습니다.

자기가 잘나고 의로워서 무엇이 되는 줄 알고 그 마음에 하나님 두기를 싫어하는 사람들 말입니다.

인생은 시간과 공간의 한계 안에 갇혀 사는 연약한 존재들입니다. 아무리 건강하고 튼튼해도 늙어 가는 시간의 한계는 뛰어넘을 수가 없습니다.

젊음을 자랑하고 건강을 자랑해도 홀연히 백발이 오고 물질과 명예와 권세를 자랑해도 그런 것들이 아무 의미 없는 때가 인생에 곧 닥치는 것입니다.

의사들이 쓰는 은어(隱語) 중에 G.O.K라는 약자가 있습니다. 그것은 오직 하나님만이 아신다는 God only knows의 약자입니다.

인간이 할 수 있는 것을 다 한 후 그다음은 하나님이 해야 한다는 것입니다. 이것은 인간의 한계를 인정하는 겸손한 표현일 것입니다. 현대 의학이 아무리 발전해도 질병에 대해서 전능하지 못합니다. 사람의 기술이 아무리 뛰어나도 신이 될 수는 없는 것입니다.

많은 사람이 일부러 하나님의 존재를 인정하려 하지 않습니다. 모든 것이 자신의 힘과 노력으로 되는 줄 압니다. 그러나 이 세상에는 인간의 노력만 가지고 안 되는 일들이 너무나 많습니다. 하나님이 도와 주셔야 하는 일들 말입니다.

얼마 전에 여수에 있는 애양 병원에 들렀다가 병원 현관 입구에 "우리는 봉사하고 하나님은 고치신다."라고 쓰인 글귀를 보았습니다.

그렇습니다.

외과 의사는 상처를 째고 수술할 수 있습니다. 그러나 그 상처를 아물게 하고 낫게 하시는 분은 하나님이십니다. 의사가 증세에 따라 처방을 내리고 약사가 약을 줄 수는 있지만 그 병을 고치시는 분은 하나님이십니다. 같은 약을 먹고 치료를 받아도 하나님의 은혜가 우리를 고치고 치료하는 것입니다. 그러므로 사람은 살아 계신 하나님을 의지해야 합니다.

성경은 "너희 하나님 여호와를 신뢰하라 그리하면 견고히 서리라."(대하 20:20)고 했고, "여호와께 피하는 것이 사람을 신뢰하는 것보다 나으며 여호와께 피하는 것이 고관들을 신뢰하는 것보다 낫도다."(시 118:8,9)라고 말하였습니다.

우리 모두 딱따구리 근성을 버리고 겸손하게 살아 계신 하나님을 의지합시다.

(2008. 9. 28)

쥐의 마음

고양이에 대한 무서움 때문에 정신적으로 늘 고통받는 생쥐 한 마리가 있었습니다. 언제 어디에서 사나운 고양이가 튀어나올지 몰라 늘 조마조마하였습니다. 하루도 마음 편할 날이 없었습니다. 그래서 이 겁 많은 쥐는 고양이가 되는 것이 소원이었습니다.

고양이만 되면 아무것도 무서울 것이 없을 것 같았기 때문입니다. 그래서 생쥐는 조물주에게 기도하였습니다. 조물주는 불쌍해서 쥐의 소원을 들어주어 고양이가 되게 했습니다. 이제 생쥐는 고양이가 되었습니다. 그런데 고양이가 되고 보니 이번엔 개가 무서웠습니다.

이번에는 개가 되게 해달라고 하였습니다. 조물주는 다시 개가 되게 하였습니다. 개가 된 쥐는 이번엔 호랑이가 두려워지기 시작하였습니다. 다시 조물주는 생쥐를 호랑이로 만들어 주었습니다. 그러나 호랑이가 된 쥐는 이번엔 사냥꾼이 무서워지기 시작하였습니다.

언제 사냥꾼이 나타나 자신에게 총을 쏠는지 모르는 일이었습니다.

너무 무서워 하루 종일 굴속에서 꼼짝하지 않고 숨어있기만 했습니다. 결국 조물주는 겁 많고 무기력한 호랑이에게 "너는 호랑이가 됐어도 마음은 여전히 쥐의 마음이니 다시 쥐가 되어라."라고 했습니다. 그래서 결국 쥐는 다시 쥐가 되었습니다.

결국 인간의 문제는 마음의 문제입니다. 쥐의 마음을 가지고 호랑이의 몸을 가졌다고 해도 결국 쥐의 행동밖에는 나오지 않기 때문입니다. 우리의 처한 여건이나 환경은 그다음입니다. 마음이 즐거우면 몸도 편안합니다. 마음이 아프면 몸도 아파집니다. 마음에 힘이 있으면 몸도 힘이 있게 됩니다. 쥐의 마음을 가진 자는 호랑이의 몸을 가졌어도 무기력할 수 밖에 없습니다.

2차 세계대전 당시 나치 유대인 수용소에서 많은 사람이 영양실조로 죽어가는 상황에서 최후까지 살아남았던 사람들이 있었습니다. 후일 살아남은 사람들을 조사했더니 그들은 매일 모여서 옛날에 먹었던 가장 맛있던 음식을 서로 이야기하고 또 앞으로 먹게 될 훌륭한 음식을 생각하면서 즐거운 마음으로 수용소의 형편없는 식단을 기꺼이 받아들였다는 것을 알 수 있었습니다.

심리학자 빅터 프랭클(Viktor Emil Frankl)은 자신이 아우슈비츠 수용소에서 겪은 이런 체험을 바탕으로 즐거운 감정이 뇌를 자극하여서 맛있는 음식을 실제로 먹은 것과 비슷한 효과가 나타나서 최후까지 생존할 수 있게 했다는 사실을 깨달았습니다. 그리고 인간의 뇌는 어떻게 생각하느냐, 어떤 감정을 가지느냐에 따라 없는 것도 있는 것처럼 느낄 수 있게 창조되었다는 것을 발견하고 이 원리를 정신병 치료에 적용하여 의미요법(logotheraphy)이라는 심리 치료술을 고안하였습니다.

우리는 지금 세계 경제의 불황으로 인해 미래를 예측할 수 없는 어둡고 차가운 시대에 살고 있습니다. 미래에 대한 불확실은 두려움을 낳습니다. 두려움은 우리를 한없이 움츠러들게 합니다. 이 불확실의 시대에 쥐의 마음을 버리고 두려움 없애고 평안한 마음을 얻을 수 있는 비결이 무엇일까요?

누구보다 우리의 사정을 헤아리시고 마음을 아시는 예수 그리스도를 마음에 모시는 것입니다. 그분은 우리의 머리털 하나까지 다 세셨다고 하실 정도로 세밀하게 나를 아십니다. 그리고 천하보다 내 생명과 내 인생의 가치를 더 소중히 여겨주시는 분이십니다. 그의 마음은 한없이 온유하셔서 누구든 진실하게 그분에게 마음을 열기만 하면 기꺼이 인생길에 안내자가 되어 우리가 걸어야 할 길을 가르쳐 주시고 넘어지지 않도록 붙들어 주실 것입니다.

하나님이 함께 하신다는 사실 하나만 가지고도 우리의 마음이 얼마나 용기를 얻을 수가 있을까요? 하나님이 함께 하신다는 믿음으로 매사에 소심하고 부정적이며 소극적이게 하는 쥐의 마음을 믿음의 마음으로 바꿉시다. 환경이 변하지 않으면 마음을 바꾸면 됩니다.

(2009. 3. 15)

거룩한 바보

한 바보가 밤하늘의 별을 세고 있었습니다. 하나, 둘, 셋, 넷… 이백다섯 개, 이백여섯 개…. 별을 세던 바보는 짜증이 났습니다. "에잇, 더럽게 많네." 그래도 별이 몇 개인지 알고 싶은 바보는 천문학자에게 가서 별이 몇 개냐고 물어봤습니다. 박사는 짜증을 내며 소리쳤습니다. "그만두게. 젊은이…." 그러자 바보는 좋아하면서 뛰쳐나갔습니다. "아하, 구만 두 개구나!"

어느 예화집에 있는 이야기입니다. 그냥 한번 웃어보라고 썼습니다. 오늘은 바보에 대한 이야기를 하려고 합니다. 세상은 똑똑한 사람들이 넘쳐납니다. 저마다 남보다 잘나고 똑똑하려고 얼마나 애쓰고 힘쓰는지 모릅니다. 실제로 남보다 더 잘 알고 더 머리 잘 돌아가는 사람들이 성공하고 승리합니다. 자기 잇속에 밝고 자신의 출세와 성공을 위해서라면 한 치의 양보나 사정도 봐주지 않는 그런 세상에 살고 있습니다.

그리고 그렇게 해서 출세하고 성공한 사람들이 큰소리치고 사는 세상입니다.

저마다 남과의 경쟁에서 이기기 위해, 더 똑똑하고 영악한 사람들이 되기 위해, 온갖 노력을 다 기울이며 살아갑니다. 유치원부터 그런 것을 가르칩니다. 초·중·고·대학교에서 아주 똑똑하고 영특한 사람들을 만들어냅니다. 그래서 세상엔 똑똑한 사람들로 넘쳐납니다. 서로가 지지 않으려고 똑똑한 사람이 되려고 몸부림치며 삽니다. 그 결과 세상엔 약삭빠르고 똑똑한 사람들로 넘쳐납니다. 아니 똑똑하다 못해 영악한 사람들로 가득 차 있습니다.

적어도 세상은 그렇습니다. 세상은 똑똑한 사람들의 경연장입니다. 그러나 하나님의 말씀인 성경에서는 낮아지고 양보하라고 말씀합니다. 예수님은 우리들에게 누가 너의 한 편 뺨을 때리면 다른 한 편 뺨을 돌려대라고 했습니다. 속옷을 달라고 하거든 겉옷까지 주라고 했습니다. 어떤 사람이 오 리를 가자고 하거든 십 리를 동행해 주라고 했습니다. 치열한 경쟁의 한복판에 있더라도 스스로 먼저 높아지려고 하지 말고 남을 먼저 높여주라고 하셨습니다. 서로 의견이 대립하여 설전이 오갈 때도 자기주장을 하지 말고 남의 의견, 남의 인격을 자신보다 더 낮게 즉 훌륭하게 여기라고 했습니다.

원수를 미워하지 말고 원수가 곤경에 처했을 때 오히려 그를 도와주고 그가 배고프면 먹을 것을 주라고 했습니다. 인간관계에 있어서 서로에게 오해가 있고 다툼이 있고 원망과 미움이 있을 때 내가 잘못한 것이 없어도 먼저 손을 내밀어 화해하라고 했습니다. 이런 말들은 세상의 관점으로 볼 때 참 바보 같은 말들입니다. 그런데 어떻게 합니까?

이것이 예수님의 말씀입니다. 주님의 가르침이 그렇습니다. 만일 우리가 위에 열거한 주님의 말씀들을 그대로 실천한다면 세상은 우리더러 '바보들'이라고 할 것입니다. 그렇다면 주님은 모든 그리스도인이 세상에서 바보로 살기를 바라신 것입니다. 그러기에 진짜 그리스도인들은 성경이 말하는 바보가 되어야 하고 세상 사람들로부터 바보 소리를 들어야 합니다.

세상의 모든 사람이 "예수 믿는 사람들 '바보'들"이라고 부를 그날이 왔으면 좋겠습니다. 그런데 애석하게도 그날이 올 것 같지 않습니다. 대부분의 그리스도인들이 주님의 말씀을 실천하지 않기 때문입니다. 바보로 사는 것을 싫어하기 때문입니다. 똑똑하고 영악한 것이 절대적인 가치가 되어 있는 세상에서 역설적으로 바보가 되어 사는 것은 쉽지 않습니다.

그래도 하나님은 주의 길을 가야 할 거룩한 바보들을 찾고 계십니다. 자기 이익 계산에는 좀 어리숭해도 하나님 나라와 이웃을 위해서 기꺼이 십자가 지고 먼저 낮아지고, 먼저 양보하고, 섬기고 베풀며, 스스로 져주는 거룩한 바보들, 이런 바보들이 많아지면 하나님의 영광이 세상에 빛날 것입니다. (2009. 9. 20)

좋은 것으로 주시는 하나님

사회학자들의 분석에 의하면 지금으로부터 약 60년 전 지구촌 사람들에게 있어서 상대적 필요조건은 72가지였고 절대적 필요조건은 18가지였습니다.

그런데 오늘날은 상대적 필요조건이 5백 가지가 넘으며 절대적 필요조건은 50가지 이상이 된다고 합니다.

이것은 오늘날의 사람들이 60년 전의 사람들보다 더 풍요롭게 많은 것들을 누리며 산다는 것을 의미합니다.

문제는 현대인들이 60년 전 사람들보다 더 많이 소유하고 더 많은 것들을 누리며 살고 있지만 그 때의 사람들보다 더 행복하다고 느끼지 못한다는 것입니다.

진정한 행복은 외부적 조건이 충족됨으로 생기는 것이 아닙니다. 마음의 문제, 믿음의 문제입니다.

주일마다 드리는 감사 헌금의 내용을 읽으면서 감동할 때가 있습니다. 목사인 제가 볼 때도 정말 힘든 삶을 사는 성도가 하나님께 드리는 감사의 내용 때문에 말입니다.

그중에는 "이번 달에도 함께해 주실 줄 믿고 감사합니다."라고 감사의 제목을 써서 드리는 분들이 있습니다. 그것은 어디까지나 믿음의 감사입니다.

성경은 믿는 자라고 해서 고난이 전혀 없다고 말하지 않습니다. 오히려 때때로 우리의 믿음을 단련하고 신앙을 성숙시키시기 위해 고난을 주시기도 한다고 말하고 있습니다. 위대한 신앙의 인물들은 고난을 대하는 인식이 달랐습니다. 그것을 저주로 인식하지 않았습니다. 단련, 즉 훈련으로 인식하였습니다. 고난을 통해 연단되어 자신의 인생이 정금과 같을 것을 기대하였습니다(욥 23:10).

중요한 것은 하나님의 사랑과 우리의 믿음입니다. A.W. 토저(Aiden Wilson Tozer)는 "만일 좋은 것이 있다면 하나님이 한 것이다. 만일 나쁜 것이 있다면 내가 한 것이다."라고 말했습니다.

하나님은 좋은 것을 주시는 분입니다. 내가 볼 때 좋은 것이 아니라 하나님이 보실 때 좋은 것을 주십니다. 세속적으로 좋은 것보다 영적으로 좋은 것을 주십니다. 이러한 사실을 깨닫는 자가 행복합니다.

제2차 세계 대전 때 전쟁터에서 전사한 한 무명용사의 주머니에서 발견된 수첩에는 다음과 같은 기도문이 적혀 있었다고 합니다.

"주님! 출세를 위해 당신에게 힘을 구했으나, 당신은 저에게 순종을 배우라고 나약함을 주셨습니다. 위대한 일을 하고 싶어 건강을 청했으나, 당신은 더욱 큰 당신의 선을 이루시려 병고를 주셨습니다.
 주님! 나는 행복하게 살기 위하여 당신에게 부귀를 원했으나, 당신은 내가 지혜로운 자가 되도록 가난을 주셨습니다.
 주님! 나는 당신에게 만민이 우러러 존경하는 자가 되고파 명예를 구했으나, 당신은 나를 비참하게 만드시어 당신만을 필요하게 하셨습니다.
 주님! 나는 당신에게 내 삶을 즐길 수 있는 모든 것을 원했으나, 당신은 내가 다른 모든 사람을 즐겁게 해주는 삶을 살도록 하셨습니다.
 내가 당신께 구한 것은 하나도 받지 못했으나, 그러나 당신께서는 당신이 내게 주시기를 원하시던 모든 것을 하나도 빠짐없이 모두 다 채워주셨습니다. 오! 주님! 감사합니다."

그렇습니다.
 자신이 기대하고 바라던 것이 아닌 다른 것으로 받고도 감사하는 마음 그것은 하나님은 언제나 우리에게 좋은 것을 주시는 분이심을 믿을 때 가능한 것입니다.

(2010. 4. 18)

진정한 보장 보험

어느 해수욕장에서 꼬마가 자꾸 깊은 물 속으로 들어가려 하자 어머니가 붙잡으며 주의를 주었습니다. 그러자 꼬마는 큰 소리로 "아빠는 저렇게 먼 데까지 가도 가만두면서 왜 나만 못 들어가게 하는 거야."하고 떼를 썼습니다.

그 순간 엄마가 말했습니다.

"아빠는 생명보험에 들었으니까 괜찮지만 너는 아직 보험에 들지 않았단 말이야."

보험 만능주의를 은근히 꼬집어서 우리 사회의 어떤 단면을 보여주는 이야기인 것 같습니다. 어렵고 힘든 세상에서 무엇인가 자신을 보호해주고 보장해주는 것만 있다면 얼마나 좋겠습니까?

예전에는 모집인들이 강제적이다시피 설득하여 가입하는 경우가 있어 사회적 문제가 되기도 했지만 지금은 누구나 보험의 필요성을 인식하고 스스로 알아서 가입하는 시대가 되었습니다. 오히려 보험에 들지 않으면 무엇인가 불안하기까지 한 세상입니다.

인생길이란 원치 않는 사고나 질병들이 원체 많고 도무지 예측할 수 없는 불행한 일들이 도처에 깔려 있기 때문입니다. 그래서 그런지 어느 통계를 보니 생명 보험회사의 보유 계약 건수가 2천만 건을 상회한다고 합니다.

1996년 자료이니 지금은 아마 훨씬 더 많을 것입니다. 어쩌면 그것이 삶의 지혜인지도 모릅니다. 그러나 우리가 놓치고 있는 것이 있습니다.

아무리 수십 가지의 안전 보험에 가입했어도 진짜 우리를 안전하게 하는 것은 보험회사가 아닙니다.

구약성경 시편에 보면 "내가 평안히 눕고 자기도 하리니 나를 안전히 살게 하시는 이는 오직 여호와이시니이다."(시 4:8)라고 노래하였습니다.

내가 안전을 위해 아무리 노력해도 안전 보장이 내 노력에 있는 것이 아니라 "오직 여호와께 있다."라는 것입니다.

옛날 중국 사람들은 북쪽에서 침입하는 적으로부터 안전하기를 바랐습니다. 그래서 오늘날 만리장성이라 부르는 거대한 성벽을 쌓았습니다. 그것은 높이가 9m가 넘고 두께는 5m가 넘으며 길이는 3,000km

에 달합니다.

 중국 사람들은 그 누구도 절대로 뚫을 수 없는 가장 견고한 방어벽을 만들기를 원했던 것입니다. 그래서 그들이 쌓은 성벽은 절대로 기어오를 수 없을 만큼 높고, 무너뜨릴 수 없을 만큼 두껍고, 돌아갈 수 없을 만큼 길었습니다.

 그들은 참으로 완벽한 방어벽을 쌓았다고 생각했습니다. 그러나 만리장성이 세워진 후 처음 백 년 동안 중국은 세 번이나 다른 민족에게 완벽한 침입을 당했습니다.

 그것은 결코 성벽의 결점 때문이 아니었습니다.
 세 번의 침입에서 오랑캐 유목민들은 결코 그 성벽을 기어오르지 않았고, 그것을 무너뜨리지도 않았으며, 또 그것을 돌아가지도 않았습니다. 단지 만리장성의 문지기에게 뇌물을 주었고 그러고 나서 활짝 열린 문을 통과하여 곧바로 진격했을 뿐입니다.

 우리는 지혜를 얻어야 합니다.
 자신의 안전을 위해 외적인 만리장성을 쌓을 것이 아니라 내 마음의 죄와 불신, 미움과 다툼을 몰아내야 합니다. 자기 삶의 영역에서 하나님께 미움 살만한 것들을 뽑아내지 않으면 나도 모르는 사이에 나의 안전은 무너지고 맙니다. 우리의 안전을 지키시는 분은 바로 영원하신 하나님이시기 때문입니다.

(2010. 6. 20)

열방을 향해 일어나는 주의 청년들을 기대하며

　세계 최대의 석유재벌인 록펠러(John Davison Rockefeller)는 어린 시절 너무 가난하여 초등학교 중퇴가 학력의 전부입니다. 그러나 그는 피나는 노력으로 44세에 미국 석유산업의 99%를 차지하는 스탠더드 석유 연맹의 총수가 되었습니다. 그러다 53세에 중병에 걸려 의사로부터 5년을 넘기기 어렵다는 선고를 받고 그때부터 자기 재산을 정리하여 남에게 나누어주고 구제와 선교 사업에 전력을 기울였습니다. 그 결과 그는 건강을 회복하여 시한부였던 사람이 99세까지 건강하게 장수하는 복을 받았습니다.

　이러한 록펠러가 있기까지 그의 어머니의 힘이 컸습니다. 그의 어머니는 세상을 떠나기 전에 가난한 아들에게 "오직 하나님만을 섬기라."라는 내용으로 다음과 같이 유언했습니다. 하나님을 제일로 섬기고 십일조를 반드시 드리며 예배 시간에는 항상 앞자리에 그리고 주일 예배는 반드시 본 교회에서 드리라는 것이었습니다. 종합하면 하나님 우선주의, 예수님 제일주의로 살라는 것입니다. 결국 하나님은 하나님 우선주의자가 된 록펠러에게 복을 내려 주셨습니다. 하나님 제일주의 예수님 우선주의로 사는 사람은 반드시 복을 받게 되는 것입니다.

그렇습니다.

생명의 구주 되신 예수님께 우리의 구원과 복이 있습니다. 하나님의 은혜가 예수를 믿는 믿음의 줄기를 타고 공급되기 때문입니다. 그분이 우리 삶의 무게 중심이 될 때 하나님의 능력이 나에게 닿아 그 능력을 받게 되는 것입니다. 우리의 시대가 우리의 손에 있지 않습니다. 주의 손에 있습니다.

2010년 8월 3일부터 미얀마와 태국의 선교지를 방문하고 돌아왔습니다. 미얀마의 장명주 목사님과, 최정자 선교사님을 만나서 위로하고 사역 현장을 돌아보았습니다. 두 곳의 학교와 고아원 그리고 마약중독자 치료소에서 말씀을 전하고 3명의 현지 사역자가 섬기는 교회들을 방문하여 위로하고 격려했습니다. 주일엔 양곤 한인교회에서 말씀을 선포했고 태국에서 열린 CPM 선교대회 집회를 인도하고 돌아왔습니다. 이번 선교지 방문은 주일을 포함한 일정이어서 그런지 더 길게 느껴지고 왠지 교우들의 얼굴이 더욱 그리워지는 여행이었습니다.

저는 지금 운장산 계곡에 있는 솔잎향기 펜션에서 이 글을 쓰고 있습니다.

여독이 아직 풀리지 않아 몸 상태가 별로 좋지 않은데 쉴 시간 없이 제2청년부 수련회가 있는 이곳으로 왔습니다. 오는 길에 폭우가 억수로 쏟아져 산사태로 길이 막혀서 먼 길로 돌아 밤 11시가 넘어서야 도착했습니다.

청년들과 새벽 1시가 넘도록 말씀을 나눴습니다. 육신의 피곤은 영적으로 얼마든지 물리칠 수 있는가 봅니다. 너무 늦은 시간이고 몸이 편치 않아서 잠깐 설교하고 쉬어야겠다고 생각했지만, 새벽 한 시를 훨씬 넘은 시간에 끝이 나고 새벽 2시가 돼서야 폭우로 불어난 계곡의 물소리를 자장가로 들으면서 깊이 잠들고, 목청을 한껏 돋우어 울어대는 매미 소리에 잠에서 깨어 아침을 맞았습니다.

창밖으로 자매들이 물가에서 산책하는 모습이 보입니다. 청년들의 모습 속에서는 물기 젖은 나뭇잎에서 느낄 수 있는 생기가 느껴집니다. 청년이라는 것 자체로도 아름답지만 주를 향한 믿음과 헌신이 있는 주의 청년들의 모습은 세상의 그 어느 것보다 더 아름답습니다. 주의 청년들이 더 많이 이 땅에서 일어났으면 좋겠습니다. 이 땅의 모든 청년이 주님께로 돌아왔으면 좋겠습니다. 그리고 록펠러와 같은 믿음의 거장들이 많이 나와서 열방을 품고 세계로 나갔으면 좋겠습니다.

(2010. 8. 15)

염려할 수 있는데 왜 기도하십니까?

 우리가 잘 부르는 복음송 중에 "기도할 수 있는데 왜 염려하십니까?"로 시작되는 곡이 있습니다.
 어떤 교인이 일을 하면서 이 찬양을 불렀습니다.
 "기도할 수 있는데 왜 걱정 하십니까. 기도하면서 왜 염려하십니까 주님 앞에 무릎 꿇고 간구해 보세요."라고 몇 번이고 흥얼거리며 부르다가 갑자기 깜짝 놀랐습니다.
 자신도 모르게 가사가 바뀌어 "염려할 수 있는데 왜 기도하십니까?"라고 불렀기 때문입니다. 아무 생각 없이 흥얼거리다가 입에서 가사가 바뀌어 버린 것입니다.

 그분은 그 순간 깨달았습니다.
 우리가 기도하면서도 얼마나 걱정하고 염려하는지를… 마치 염려가 문제 해결의 열쇠가 되는 것처럼 열심히 염려 걱정하는 자신의 모습을 발견했다고 합니다.

믿음은 모든 염려와 걱정을 하나님께 맡기는 것입니다. 그리고 겸손히 그분의 뜻에 따르겠다는 순종의 고백이 기도입니다. 그런데 대부분 사람은 기도해 놓고서도 걱정하고 염려합니다. 염려를 맡기지 못하는 기도는 기도가 아닙니다.

과거 자동차가 귀할 때 어느 선교사가 자동차를 몰고 시골길을 가노라니까, 어떤 농촌 여자가 큰 보따리를 머리에 이고 구슬땀을 흘리며 터벅터벅 걸어가는 것이었습니다. 그래서 그 선교사는 전도도 할 겸 좀 도와줘야겠다고 생각을 하고 차를 멈추고 차에 올라타라고 했습니다.

여인은 감사하다고 하면서 차의 뒤에 올라탔습니다.

여인을 태우고 얼마쯤 가다가 선교사가 뒤를 돌아보니까 그 시골 아주머니가 보따리를 머리에 인 채 이리 쏠리고 저리 쏠리면서 고생을 하는 것이었습니다. 그래서 선교사가 물었습니다. "아니 보따리를 내려놓지 않고 왜 머리에 이고 그러십니까, 어서 내려놓으세요." 했더니 "어이구 제 몸 탄 것도 감사한데 어떻게 짐 보따리까지 신세를 지겠습니까?" 하더랍니다. 참으로 우스운 이야기 같지만 사실 하나님을 믿는 우리도 이와 같을 때가 한두 번이 아닙니다.

우리의 염려를 다 주께 맡겨버립시다.

물질을 맡기지 못한 사람은 물질 때문에 고생합니다. 자식을 맡기지 못한 사람은 자식 때문에 고생합니다. 맡기는 사람을 하나님은 붙들어 주십니다. 그러나 온전히 맡겨야 합니다.

어느 날 어린 소녀가 길 잃은 개 한 마리를 집으로 데리고 왔습니다. 어머니는 개 임자가 데리고 갈 수 있게 그 개를 처음 본 장소로 데려다 주라고 하셨습니다.

소녀는 순종하며 그 개를 처음 본 곳으로 데리고 갔습니다. 그리고 그곳에 개를 놓고 왔습니다. 그런데 그 개는 집에까지 다시 그 소녀를 따라 왔습니다. 그것은 소녀가 그 개의 목에 끈을 매서 붙들고 있었기 때문입니다.

우리는 번번이 우리의 짐을 하나님의 제단에까지 가지고 갑니다. 하나님 앞에 모든 염려와 걱정 근심의 보따리를 풀어놓고 눈물로 기도합니다. 예배 시간마다 자신의 짐을 맡아 달라고 애원합니다. 그리고 주님께서 자신의 모든 짐을 맡아주셨다는 확신을 얻기도 합니다. 그러나 기도를 마치고 돌아갈 때 다시 그것들 즉 하나님께 내려놓았던 것들을 다시 주섬주섬 주워가지고 돌아갑니다.

우리가 그 짐들을 꾸려서 다시 가지고 가는 한, 주님은 그것을 맡을 수 없습니다. 소녀가 끈으로 그 개를 매서 끌고 오는 한, 개는 그곳에 있을 수 없습니다. 주님은 우리의 모든 짐을 맡으시는 분이십니다. 그러나 내가 지고 있는 짐과 연결된 끈을 풀어놓는 일은 우리에게 달려 있습니다.

(2010. 9. 5)

· 체코_프라하(Praha) · 프라하 성과 성비투스 대성당이 보이는 구시가지 광장 야경

제2부

내 삶의 무게중심

· 스위스_ 취리히(Zurich) · 그로스뮌스터(Grossminster) 대성당 모형

천국, 지옥 정말이면 어쩌려고

　스위스에 살았던 한 노인이 80세를 맞게 되었을 때 자신이 살아온 인생을 결산하는 통계를 발표하였습니다.
　잠자는 것으로 소요된 시간이 26년이나 되었습니다. 그리고 직장에서 일한 시간이 21년, 식사하는 데 소요된 시간도 6년이나 되었습니다.
　다른 사람이 약속을 지키지 않아 기다린 시간도 5년이나 되었고 수염을 깎고 세수하는데 228일, 아이들과 놀아주는 데는 26일, 넥타이를 매느라고 걸린 시간도 18일이나 되었습니다. 그리고 담배를 피우기 위해 불을 붙이는데 만도 12일이 소모되었더랍니다.
　중요한 것은 진정으로 마음에 참 기쁨과 행복을 누렸던 시간은 고작 46시간에 불과하더랍니다.
　그 노인의 통계가 모든 사람의 것이 될 수는 없지만 여러 가지 깊은 생각에 빠져들게 하는 이야기입니다.

대부분의 사람은 인간이 어디에서 와서 어디로 가는지 모르고 삽니다. 인생의 의미가 무엇인지 그리고 무엇을 위해 살아야 하는지, 그저 하루하루의 삶에 쫓기고 바쁘다는 핑계로 영원한 세계가 있음을 알지 못하고 사는 것입니다.

인생은 육신이 전부가 아닙니다.

영혼이 존재합니다. 만일 사람에게 영혼이 없다면 짐승과 다를 바가 아무것도 없습니다. 돼지는 영혼이 없기에 종교도 없습니다. 사람 비슷하게 생긴 원숭이도 영혼은 없습니다. 아무리 영리한 개나 침팬지라도 그들 세계에 종교는 없습니다. 그러나 인간은 다릅니다.

아무리 미개한 아프리카의 원주민들도 그들 나름대로 영혼의 존재를 알고 있으며 신을 찾고 섬기는 종교의식이 있습니다.

인간의 의식 속에 태어날 때부터 영원한 세계와 전능하신 하나님에 대한 의식을 가지고 태어난다는 것입니다. 이것이 인간이 만물의 영장이 되는 이유입니다. 사람은 영과 육이 합해져서 이루어졌습니다. 육체는 영혼이 잠시 거하는 집과 같은 것입니다. 인간의 본질은 영혼인 것입니다.

'나'라는 존재가 생각하고 판단하고 느끼고 하는 모든 인격적 작용이 영혼의 활동입니다. 사람들은 그것을 정신, 또는 마음이라고도 표현합니다.

며칠 전에 박순근 집사님의 부친께서 소천 하셔서 다녀왔습니다. 편안히 잠을 주무시는 중에 그의 영혼은 육체 밖으로 나와 하나님께로

가셨습니다.

   너무 갑작스럽게 돌아가셨기에 유족들은 이별의 슬픔이 한이 없었지만 고인은 너무 평안하게 가신 것입니다. 76년 동안 주안에서 사셨던 그의 몸은 땅에 묻히고 영혼은 하늘 아버지의 품에 안겼습니다.

   저는 가끔 미래 나의 모습이 궁금할 때가 있습니다.
   앞으로 20년 후, 50년 후에는 어떤 모습일까? 아니 100년 후에는 어떤 모습으로 어디에 있을 것인가?
   중요한 것은 그때도 '나'라는 존재는 여전히 존재할 것이며 천국에서 그리스도와 함께 있으리라는 것입니다.

   사람들은 천국, 지옥을 가봐야 알지 어떻게 믿느냐고 말합니다. 그러나 하나님과 천국 그리고 지옥을 무시하고 살다가 죽음의 문턱을 넘는 순간 없다고 믿었던 그 지옥이 눈앞에 펼쳐진다면 어찌하려고 하나님을 불신하고 죄짓는 일에 그렇게 용감하단 말입니까?

   마음에 하나님 없이 살면, 예수님을 통해 주신 큰 구원의 은혜를 등한히 여기면, 유황불이 끓는 지옥으로 떨어지고 말 것입니다.
   하나님의 은혜는 예수 그리스도를 믿는 자마다 멸망치 않고 영생을 주시려는 것입니다.
   영생을 얻는 데는 별다른 조건이 필요치 않습니다. 예수 그리스도를 자신의 구주로 믿고 영접하기만 하면 됩니다. 그가 우리의 죗값을 다

지시고 죽으셨기 때문입니다. 그의 죽으심은 우리의 생명이 되셨기 때문입니다.

(2000. 2. 27)

예수의 피는 우리의 생명입니다

 저는 1993년 말에 구 소련인 러시아를 방문할 기회가 있었습니다. 모스크바와 상트페테르부르크, 보로네슈의 거리에서 받은 깊은 인상은 도시들이 생기가 없고 죽은 도시같다는 것이었습니다. 가난에 찌들어 병든 모습, 그러면서도 아무 불편을 못 느끼고 하루하루를 기계적으로 덤덤하게 사는 것 같은 인상을 받았습니다. 그리고 또 한 가지는 그곳에는 역사적 보존가치가 높고 예술적으로 훌륭한 교회 건물이 많다는 것이었습니다.
 물론 제정러시아 시절에 건립된 러시아 정교회의 건물들입니다. 70여 년 동안의 공산당 통치하에서도 잘 보존되어 있었습니다.
 특히 레닌그라드의 이삭 성전이나 모스크바 붉은 광장 앞의 바실레 성전 건물의 웅장하고 아름다움은 그 무엇으로도 비교되지 않을 듯하였습니다. 그러나 수많은 교회 건물이 있었으나 그곳에 예수의 생명은 없었습니다.

그저 낡아빠진 역사적, 예술적으로 보존가치가 높은 문화재로서는 훌륭하여 관광객의 발길이 줄을 잇고 있었지만 이미 그리스도의 교회는 아니었습니다.

특히 크렘린궁 안에는 세 개의 교회 건물이 있습니다. 2.2km의 성곽으로 둘러싸인 궁 안에 황제를 위하여 성전이 세워졌습니다. 그중 한 성전은 내부를 300kg의 금과 5t의 은으로 장식하였습니다.

벽에 걸린 성화마다 금으로 입혔고 황제의 성경책은 그 표지를 금으로 만들고 보석을 박았습니다. 아이로니컬하게도 그러한 곳에서 세계를 지배한 공산주의 혁명이 일어났습니다. 세계에서 가장 훌륭한 교회당을 가진 러시아가 기독교를 탄압하는 공산주의 종주국이 된 것입니다.

왜입니까?

그것은 당시의 기독교인 러시아 정교회가 예수의 생명력을 잃었기 때문입니다. 러시아의 기독교는 1천 년의 역사를 갖고 있습니다.

988년에 블라디미르 1세가 그리스 정교회를 받아들임으로써 러시아에 복음이 들어왔습니다. 그러나 지금에 와서는 생명력 있는 그리스도의 복음은 없고 낡은 교회당 건물만 있었습니다.

러시아 정교회가 왜 생명력을 잃고 죽은 교회가 되었습니까? 공산화되기 전에 러시아 교회는 무엇을 했습니까? 성경을 금으로 장식은 했지만, 그 뚜껑을 열고 읽지는 아니했습니다.

교회 건물을 아름답고 웅장하게 건축했지만 참 교회가 무엇인지를 그들은 알지 못했습니다. 교회는 그리스도의 피로 말미암는 구원의 역사가 일어나야 합니다. 그리고 예수의 피로 말미암는 구원의 역사에 대한 감격이 넘쳐 나야 합니다. 그것이 살아 있는 교회입니다.

형식과 외식도 중요합니다. 그러나 그리스도의 구속에 대한 감격이 없는 형식적 예배는 죽은 교회를 만들어 냅니다. 그리스도의 피를 회복시켜야 합니다. 그리스도의 피가 우리 생활에 뚝뚝 떨어져 내려야 합니다. 그래야 주님이 우리와 함께 하십니다.

(2000. 2. 13)

살아 있는 교회, 죽어 가는 교회

구세군의 창시자 윌리엄 부스(William Booth) 대장은 다가올 미래에는 교회가 중생(重生) 없이 용서를 말하고, 그리스도와 성령이 없이 구원을 말하며, 지옥 없이 천국만 말하는 시대가 될 것을 경고하였습니다.

즉 교회가 하나님의 교회로서의 생명력을 잃고 단지 철학적이거나 스스로 심리적 위안만을 추구하는 종교적 집단이 될 것을 말한 것입니다. 그렇게 되면 교회는 교회로서의 참 생명력을 잃게 됩니다.

교회의 생명력은 예수 그리스도에게 있습니다.

그분이 교회의 설립자이시고 교회의 운영자이시기 때문입니다. 어디까지나 그분의 목적을 성취하고 그의 기쁨이 되려 할 때 비로소 역동적이고 생명력이 약동하게 되는 것입니다.

예수 그리스도의 뜻과 목적은 두말할 것도 없이 '영혼 구원'입니다. 그러므로 영혼 구원을 위해서 부지런히 움직이는 교회가 살아 있는 교회입니다.

흔히 교회를 방주(方舟)라고 말합니다. 즉 바다에 떠 있는 배라는 것입니다. 문학적 표현을 빌려 표현한다면 바다는 세상을 의미합니다. 고난의 파도가 이는 고해(苦海)라는 것입니다.

맞는 말입니다.

우리가 사는 이 세상은 온갖 죄악의 물결과 고난의 파도가 하루도 쉴 새 없이 넘실대고 있습니다. 교회는 이러한 죄악의 물결, 고난의 파도가 치는 세상의 바다에 떠 있는 배입니다. 죄악의 파도에 휩쓸려 지옥으로 가는 인생들을 구조하기 위해 대기 중인 구조선입니다.

언젠가 여수의 오동도에 간 적이 있었는데 선착장에 관광객을 실어 나르는 유람선들이 떠 있고 많은 사람이 남해의 아름다운 경치를 구경하기 위해 배에 오르는 것을 보았습니다.

교회는 절대로 유람선이 되어서는 안 됩니다.

유람선은 놀고, 먹고, 즐기는 편안함만을 추구하지만, 구조선은 궂은 날씨, 파도가 높은 날에는 비상이 걸리고 더 바빠집니다. 어디에서든 구조신호가 오면 아무리 파도가 높아도 움직입니다.

저는 우리 교회가 구조선의 역할을 충분히 감당할 수 있게 되기를 원합니다. 물질 만능주의와 관능적이고 육체적인 쾌락주의가 인간의 참된 가치관을 무너뜨린 혼돈의 시대를 살면서 교회가 어떻게 빛을 발해야 할지 고민해야 하겠습니다.

신앙 잡지 [풀핏(Pulpit)]의 발행인 스피노스 조디아티 목사는 교회에 대하여 다음과 같이 말했습니다.

"살아 있는 교회는 언제나 일꾼이 부족하고 죽어 가는 교회는 일꾼을 찾을 필요가 없다. 살아 있는 교회는 교회의 참 목적을 이루기 위해 언제나 예산을 초과해서 쓴다. 그러나 죽어 가는 교회는 은행에 잔고가 많다.

살아 있는 교회는 선교사업이 활발하지만 죽어 가는 교회는 교회 안에서만 움직인다. 그리고 살아 있는 교회는 주는 자들로 가득 차 있다. 그러나 죽어 가는 교회는 티 내는 자들로 가득 차 있다.

살아 있는 교회는 믿음 위에 운행되고, 죽어 가는 교회는 인간의 판단 위에 운행된다. 또한 살아 있는 교회는 배우고 봉사하기 위해 바쁘고, 죽어 가는 교회는 아무 일도 없고 평안하다. 살아 있는 교회는 활발히 전도하고, 죽어 가는 교회는 점점 굳어져 석회화된다."라고 말입니다.

그렇습니다.

교회는 살아 움직여야 합니다. 예수가 살아 계시는데 교회가 죽어 갈 수는 없습니다. 이 어두운 시대에 빛을 밝히는 등대가 되어야 합니다.

(2000. 12. 10)

경계해야 할 일들

최근 여호와 증인이나 안식교 또는 구원파와 같은 이단들의 활동이 점점 강해지고 있습니다.

성경을 가르쳐 주겠다면서 은근히 접근하는 자들을 경계해야 합니다. 그들은 2000년 동안 기성교회가 발견하지 못한 새로운 진리를 가르쳐준다고 아주 달콤한 말로 유혹할 것입니다. 또한 교회 밖에서 일어나는 신비주의적 은사 운동을 경계해야 합니다.

기성교회에서는 찾아볼 수 없는 신비한 은사나 능력을 행한다며 접근해 오고 실제로 어떤 신기한 능력을 행하기도 합니다.

무슨 예언이든 은사든 자신이 몸담은 교회 밖에서 이루어지는 것들에 대하여 조심해야 합니다.

지금은 은사 위주의 시대가 아닙니다.

성경에 나타나는 모든 은사는 복음을 전파하고 교회를 부흥시키는 것이 그 목적입니다. 성령의 은사 자체가 목적이 아닙니다. 개인의 미래를 점치고 개인의 문제 해결을 위해 존재하는 알라딘의 램프 같은 것이 아닙니다. 그리고 은사자 자신의 신격화나 사적 욕심을 채우기 위한 도구가 되어서도 결코 안 됩니다.

성령의 은사는 전적으로 성령에 의해서 주도적으로 이루어지는 것이지 어떤 은사자가 가르치거나 그에게 배워서 되는 것이 아닙니다. 방언을 가르치고 예언을 전수한다는 말에 현혹되지 말아야 합니다.

성경에 의하면 신비한 은사는 당시 상황에서 분명한 목적이 있을 때 성령이 역사하여 나타났습니다.

바울이 구브로 섬에서 독사에게 물렸지만 해를 받지 않은 것도 복음 전파를 위해 필요했기 때문에 하나님이 행하신 능력이었지 바울이 의도적으로 기획한 작품이 아니었습니다.

오늘날 은사를 행하는 사람들에게서 복음의 전파가 이루어지고 있는지 아니면 오히려 불신자들에게 비난의 화살을 맞을 뿐 아니라 전도의 문을 막고 있는지 생각해 보아야 합니다. 복음 때문에 받는 고난이라면 영광스러운 하늘의 상급이 있는 것이지만 그들이 말하는 소위 '은사'(?) 때문이라면 그것은 문제가 있습니다.

성경에서 능력을 행하거나 은사를 행함으로 불신자들에게 핍박받았다는 기록은 없습니다. 오히려 그 은사가 불신자들을 회개케 하는 기회가 되었습니다.

오늘날 행해지는 은사 행함과 상당한 거리가 있습니다. 성경에는 개인의 신상 문제나 미래를 점치기 위해서 성령의 은사가 의도적으로 사용된 적이 없습니다.

왜 예언을 원하십니까?

왜 방언 기도를 원하십니까? 무엇을 위해 통역을 원하십니까? 헌금을 내고 자신에 대하여 어떻게 말하는가가 궁금하여 소위 투시의 은사자가 인도하는 집회에서 시간 시간 이름을 써서 헌금을 내는 것이 정말 하나님 보시기에 옳다고 생각합니까?

하나님의 뜻을 알기 원함보다는 자신의 장래와 신상에 어떤 일들이 있을 것인지가 궁금하여 예언 기도를 받는다면 그것은 전혀 하나님의 뜻이 아님을 알아야 합니다. 그러한 욕망은 하나님에게서 나온 것이 아니라 믿음으로 위장된 고차원적인 영적 이기심에서 나오는 것들입니다.

하나님은 때때로 사랑하는 자녀들에게도 고난을 주시는 분이십니다. 우리가 그를 신뢰한다면 묵묵히 우리에게 주시는 일들에 감사함으로 감당하려는 태도가 필요합니다.

이렇게 말하면 "박 목사님! 당신은 그런 영적 체험이 없어서 그런 말을 하는 거요?"라고 말하는 사람들이 있을 것입니다. 자랑으로 들릴 것 같아서 조심스럽지만 지금도 누구 못지않게 여러 방언으로 기도하고 순간순간 영적 감동으로 깨닫고 성도들의 영적 상태를 진단합니다.

다만 보는 대로 느끼는 대로 함부로 말하지 않고 하나님의 성령이 그를 주장하여 인격적인 신앙으로 성장하기를 위해 기도하며 기다릴 뿐입니다.

　은사자들이 말하는 입신이라는 것을 하기도 했고 손을 들고 기도하면 온몸이 불덩이같이 뜨거워지고 오른손에 큰 쇳덩이를 달아놓은 것 같은 무거움을 느끼기도 했습니다. 그러한 체험을 할 때마다 구원받은 은혜에 대한 감격이 뼛속까지 사무치는 것을 느꼈습니다.
　샘솟듯이 솟아나는 기쁨에 어쩔 줄 몰라 밤새도록 성전에서 뛰며 찬송하고 감격의 눈물을 흘리기도 했습니다.
　사람들에게 드러내고 싶고 자랑하고 싶은 욕망이 솟구쳤습니다. 그러한 일들로 인하여 한동안은 저 자신이 아주 신령한 사람이 된 것 같은 착각에 빠지기도 하였습니다. 그러나 그런 체험을 했음에도 불구하고 여전히 저는 허물 많고 완성되지 못한 존재였습니다. 바울은 그 자신이 여러 가지 신령한 은사들을 체험했지만 은사 중의 가장 큰 은사는 사랑의 은사라고 했습니다.
　저는 우리 모든 성도에게 더 깊은 영적 체험과 은사가 있기를 바랍니다. 그러나 그것은 복음 전하는 일을 위해서이며 나의 필요나 욕망을 채우기 위해서가 아닌 성령에 의해 성령이 주시는 것이어야 한다는 것입니다.

(2000. 1. 23)

영혼을 위해 사는 삶

오늘 아침 신문 기사들의 제목입니다.

'최악의 가뭄' '저수율 20년 만에 최저' '밭작물까지 타들어 가 일부 지역은 식수난'

해마다 한두 번씩 겪는 일이지만 지난봄부터 시작된 금년의 가뭄은 특히 농촌 지역에서는 우리의 생각보다 훨씬 더 심각한 모양입니다.

전국 17,900여 개 저수지의 저수율이 20년 만에 최저치로 내려가 모내기는 고사하고 밭작물까지 타들어 가며 수력발전소가 가동을 멈추어야 할 처지가 되었다는 것입니다.

싱크대 위의 수도꼭지를 틀기만 하면 언제라도 물이 콸콸 잘 쏟아지고, 채소를 가꾸거나 곡물을 경작할 일도 거의 없는 도회지의 삶은 가뭄이 아무리 심각해도 피부로 잘 와닿지 않는 것 같습니다. 그런데 이런 가뭄의 소식을 들으면서 인간이란 아무리 힘쓰고 애써도 결국은 하늘을 쳐다보고 살아야 하는 존재라는 사실을 깨닫게 됩니다.

　곳곳에 댐을 만들고 저수지를 만들어 가뭄이나 홍수를 조절하고자 하는 시도도 결국 하늘로부터 비가 내리지 않으면 무용지물이 되고 말기 때문입니다.

　위로부터 내리는 하나님의 은혜가 아니면 인간의 존재라는 것이 얼마나 미약하고 연약한 존재인지 모릅니다. 그리고 그러한 인생들이 만들어 가는 물질문명이 얼마나 보잘것없고 허무한 것인지를 알게 합니다.

　지난주 노회 교육부가 주관하는 행사에 참석한 후 무주 적상산에 있는 양수 발전소 내부를 관람하는 기회가 있었습니다.

　적상산 밑으로 700m를 파 들어간 산속 지하공간에 세워진 30평 아파트 400여 채가 들어갈 수 있는 면적의 거대한 발전 설비들을 보면서 감탄하지 않을 수 없었습니다.

　양수 발전이란 심야에 남아도는 전기를 이용하여 모터를 돌려 수백 미터 위의 산꼭대기에 있는 호수로 물을 끌어 올렸다가 전기가 모자랄 때 물의 낙차를 이용해 발전하여 순간적으로 부족한 전기를 보충하는 역할을 하는 것이 양수 발전의 원리입니다.

　이런 원리를 발견하고 기계와 도구들을 만들어 인간의 삶은 말할 수 없을 정도로 편리해지고 안락해졌어도 결국 인간은 병들고 늙고 죽어가는 존재임을 인식하여야 합니다. 창조주 하나님의 도움이 없이는 단

1초도 생명을 유지할 수 없는 존재이기 때문입니다. 그러므로 사람은 언제나 하늘을 보며 살아야 합니다.

하늘을 보며 살아야 하는 인생이기에 하나님은 우리의 신체 구조도 그렇게 지으셨습니다.

대부분 짐승은 네 발로 딛고 땅을 보고 살게 하셨지만 사람은 두 발로 서서 언제나 하늘을 바라볼 수 있게 만드신 것입니다.

그러나 이 세상에는 땅만 바라보고 사는 사람들이 있습니다. 세상 것에만 가치를 두는 사람들 말입니다.

사람이 오직 세상의 물질적인 것에만 가치를 두고 살게 되면 인류는 걷잡을 수 없는 혼돈에 빠져들게 됩니다.

나이에 비해 훨씬 젊고 매력 있게 보이는 어떤 부인에게 물었습니다.
"도대체 그런 매력을 유지하는 비결이 무엇입니까?"
그는 다음과 같이 대답했다고 합니다.
"저는 매력을 위해 산 것이 아니라 영혼을 위해 살았습니다. 저는 입술을 위해서는 진리를, 음성을 위해서는 기도를, 눈을 위해서는 긍휼을, 손을 위해서는 자선을, 얼굴을 위해서는 정직을, 마음을 위해서는 사랑을 사용했습니다."

그렇습니다. 영혼을 위해 사는 삶을 삽시다.

(2001. 6. 3)

용 서

지난번 교우들과 함께 이응윤 선교사가 선교 훈련을 받고 있는 총회 세계선교 훈련원을 위로 차 방문하고 오는 길에 근처에 위치한 제암리 교회에 들렀었습니다.

제암리교회는 3.1운동 당시 읍내의 만세운동에 주도적인 역할을 했다는 이유로 교인들을 모두 교회당 안에 모아놓고 무차별 총격을 가하고 불을 질러 23명이 순교한 곳입니다.

순국선열들의 뜻을 기리기 위해 시에서 기념관을 지어놓고 관광객들에게 당시의 상황을 설명하는 게시물과 비디오를 상영하고 있었습니다. 그곳에서 보았던 15분짜리 비디오의 영상 맨 마지막에 나오는 글이 인상 깊었습니다.

"용서는 하되 잊지는 말자."

우리 민족은 일제 강점기에 수많은 피를 흘렸습니다. 꽃다운 나이의 처녀들이 강제로 또는 속아서 일본 군대 위안부로 끌려갔습니다. 그들이 우리 민족에게 입힌 상처는 지금도 채 다 아물지 아니하였습니다. 그러한 상처를 안고 있지만 언제까지 그들을 증오하며 원수 시하고 있을 수만은 없습니다.

 개인적이든 국가 민족적이든 간에 용서는 대단히 중요합니다. 용서는 가해자가 입힌 상처와 아픔에서 벗어나기 위해 일방적일지라도 해야 합니다. 그렇지 않으면 증오와 원망으로 가득해져서 상처는 더 깊어지고 아프게 되기 때문입니다.

 베트남 전쟁 때 미군이 한 마을에 폭탄을 투하했습니다. 마을은 순식간에 불바다로 변했고 그때 불길 속에서 겁에 질린 한 소녀가 울부짖으며 알몸으로 뛰쳐나오는 장면을 AP통신의 닉 우트(Nick Ut) 기자가 카메라에 담아서 퓰리처 상을 수상하였습니다. 그 소녀의 이름은 킴푹(Phan Thị Kim Phúc)입니다. 그녀는 구조되어 미국으로 후송되어 현재 평화를 호소하는 유엔의 명예 대사로 활동하고 있습니다. 그녀는 사람들에게 이렇게 말했습니다.

 "나는 17번이나 수술을 받으며 사람들을 증오했다. 그런데 가장 고통스러운 사람은 나 자신이었다. 그러나 예수 그리스도를 영접한 후 나는 모든 사람을 용서했다. 그때부터 행복과 사랑이 보였다."

 그렇습니다.

 용서는 비극적인 인생에 소망을 품게 하고 행복한 인생으로 바꾸어 놓았습니다. 그녀는 결혼하여 아들을 낳고 그 이름을 후안이라고 지었습니다. 베트남어로 '앞날의 희망'이라는 뜻입니다.

　남북 정상회담 1주년을 맞았습니다.
　그렇게 마음 설레고 들뜨게 했던 정상회담은 몇 차례의 장관급 회담 그리고 민간 예술 부문의 교류, 이산가족 상봉 등 획기적인 남북 교류의 물꼬를 트는 성과를 가져오기는 했지만 처음 기대했던 만큼 시원하게 돌아가지 않고 있는 것을 봅니다.
　최근에는 우리 정부가 김정일 위원장의 서울 답방에 정치생명이라도 건 것처럼 너무 매달리고 있다는 느낌이 듭니다.
　또 한쪽에서는 김정일 위원장이 서울에 오려면 6.25에 대한 사과를 먼저 해야 한다는 말도 나오고 있습니다. 용서 없이는 화해도 없고 화해 없이는 평화도 없습니다.
　가뜩이나 경제도 어렵고 정치도 뭔가 꼬여있고 가뭄으로 농작물이 마르다 못해 농민들의 가슴마저 말라 가는데 대한항공을 비롯한 전국의 강성 노조원들이 파업을 강행하고 있습니다.
　답답한 이때 주님께서 우리를 향해 베푸신 조건 없는 용서를 생각해 봅니다.

"아버지 저들을 사하여 주옵소서 자기들이 하는 것을 알지 못함이니이다"(눅 23:34)

(2001. 6. 17)

그리스도인 됨의 의미

 한 늙은 랍비가 길을 걸어가고 있었습니다.
 그 때 한 사람이 다가와서 자기는 탈무드를 세 번이나 통독했다고 큰 소리로 자랑했습니다.
 그러자 그 랍비는 "중요한 것은 당신이 얼마나 탈무드를 읽었느냐가 아니고 탈무드가 당신을 얼마나 소화했느냐 일거요."라고 말했다고 합니다.

 우리가 예수를 믿고 그리스도인이 되었다는 것은 단지 '교회 다니는 사람이 되었다는 것'이라거나 이력서의 종교란에 '기독교'라고 쓰는 것 정도가 아닌 하나님의 손에 붙들린 예수의 사람이 되었다는 것을 의미합니다.

 예수님이 방문하였던 '가이사랴 빌립보' 지방은 그리스의 신 팬(pan)

의 사당과 헤롯 왕이 황제 숭배를 위해 지은 신전이 있는, 우상 숭배와 귀신 숭배의 중심지였습니다. 그러한 곳에서 예수님은 제자들에게 "너희는 나를 누구라 하느냐"고 물으셨습니다.

베드로는 "주는 그리스도시요 살아 계신 하나님의 아들"이라고 확신에 찬 고백을 하였습니다.

이 고백은 베드로에게만 해당하는 것이 아닙니다. 오늘날 이 시대를 사는 모든 사람이 함께 해야 할 고백입니다.

'그리스도'라는 이름은 예수님의 직명(職名)이고 그 뜻은 '기름 부어 세운 자'라는 뜻입니다.

구약 시대에는 '왕'과 '제사장', '선지자'를 기름 부어 세웠고 그래서 그들이 그리스도였습니다. 따라서 오늘날 우리가 예수를 '그리스도'라고 고백하는 것은 예수는 왕이요, 선지자요, 제사장이라는 의미가 되는 것입니다.

예수님을 그리스도로 고백하는 사람들은 모든 일에 그의 뜻을 세우고 그의 명예와 영광을 위해 살아야 합니다.

그리스도인으로서 확실하고 뚜렷하게 믿음의 선을 긋고 예수의 사람으로 내놓고 사는 사람이 있습니다. 그러나 겉으로 그리스도인 같은데 어떤 때는 전혀 그리스도인이 아닌 것처럼 느껴지게 사는 사람들이 있습니다.

선이 불분명하다는 것입니다.
어떤 신앙 잡지에 실렸던 글 하나를 소개합니다.

"개 한 마리가 두 사람을 따라가는 상황에서 그 두 사람이 함께 걸어가는 동안에는 그 개의 주인이 누구인지 알 수 없다. 그러나 두 사람이 갈림길에 이르러서 한 사람은 이 길로 또 다른 사람은 저 길로 갈 때, 바로 그때 당신은 그 개의 주인이 누구인지 알 수 있게 된다."

그렇습니다.
어떤 사람이 예수 그리스도를 자기 주님이라고 고백하면서도 여전히 그 삶은 세상의 것들을 기뻐하며 즐기고 있을 때, 우리는 그 사람의 진짜 주인이 하나님인지 그렇지 않으면 세상인지를 알아낼 수 없습니다. 그러나 그 사람이 갈림길에 이르기까지 기다리면 알게 됩니다.

인생의 어느 중요한 고비를 만나서 하나님께서는 이 길로 부르시고 세상은 저 길로 부를 때, 그 사람의 주인이 하나님이라면 그는 세상 쪽을 버리고 신앙을 따를 것입니다. 그러나 그 사람의 주인이 세상이라면 그는 하나님과 양심과 신앙을 버리고 세상과 정욕을 따를 것입니다.

어떤 경우에도 확실하고 당당하게 자신의 믿음을 주장하며 그 주장에 걸맞은 삶을 사는 그리스도인이 됩시다.

(2001. 7. 1)

선교와 교회당 건축

프랭크 시리우바라고 하는 사람이 이런 이야기를 했습니다. "1903년 4명의 공산주의자가 연구를 시작하더니, 1917년에는 40,000명의 공산주의자가 생겨 소련을 공산주의 혁명으로 뒤집어 엎었다. 그로부터 약 70년 후 세계 약 15억의 인구가 공산주의 밑에서 신음하고 있다."

그러면서 이런 질문을 하였습니다.

"기독교는 2000년 동안 뭘 하고 있었는가?"

그렇습니다.

우리는 영원한 생명을 주는 진리의 복음을 가지고 2000년을 보냈습니다. 그러나 아직도 지구상에 복음을 듣지도 못하고 지옥을 향해 달려가는 수없이 많은 영혼이 있습니다.

지난 주일 오후에 성전 건축 착공 예배와 선교사 파송 예배를 드렸는데 전북 기독 신문 기자가 전화를 걸어 성전 건축 착공 예배와 선교사 파송식 행사를 같은 날에 하는 특별한 이유가 있느냐고 물었습니다.

'특별한 이유'라기보다는 당연한 이유일 텐데 특별하게 보였던 모양입니다. 선교사 파송식에서 축사를 해주셨던 어느 목사님의 말씀처럼 교회 건축이라는 큰일을 시작하면서 선교사를 파송하는 그런 교회는 흔하지 않습니다. 그러나 우리는 선교를 위해서 성전을 짓는다는 의지를 담았습니다.

건축을 위한 건축이 아니라 선교를 위한 건축을 할 것입니다.

이것은 참으로 어려운 일입니다.

우리 성도들 모두가 대단한 헌신을 각오하지 않으면 감당하기 어려울 것입니다. 우리 교회 선교의 역사는 교회 개척을 하면서부터 시작되었습니다.

어려웠지만 재정의 10%를 농촌 교회에 지원하기 시작하였습니다. 그리고 공식적으로 해외 선교가 시작된 것은 1993년 6월 22일 당시 우리 교회 청년이었던 이응윤 선생을 선교사 후보생으로 정하고 싱가포르로 신학 훈련 및 현지 적응훈련을 보냄으로 시작되었습니다.

물론 그 외에도 베트남에 찬송가 3천 권을 보내고 인도네시아 보르네오섬 무트 교회에 건축비를 지원했으며 러시아에 성경책 5천 권을 보내고 미얀마에 초등학교인 영생 학교를 세우고 북 버마 신학원을 후원하는 등 교회 재정의 59%까지(93년 말 기준) 선교 사역에 쓰면서 열심히 해보려고 애썼습니다.

덕진동에서 송천동으로 이전하면서 많은 빚을 졌을 때도 "주라 그리하면 …"(눅 6:38)의 말씀을 붙들고 선교 사명을 위해 지금까지 순종했습니다. IMF로 인해 이자 부담이 눈덩이처럼 늘었을 때도 그 말씀을 놓지 않았습니다. 그리고 지금도 "주라"고 하신 그 말씀을 붙들고 사명을 감당하고 있습니다.

참된 신앙은 형편을 따라 변하지 않습니다.

구약 성경에 사르밧 과부 얘기가 나옵니다. 3년이 넘는 가뭄에 양식이라고는 한 줌의 밀가루밖에 없었습니다. 그녀에게 한 줌의 밀가루는 마지막 양식이었습니다. 하나님은 이 여인에게 엘리야 선지자를 보냈습니다. 그리고 그가 가진 마지막 양식을 요구하게 했습니다. 여인은 선지자 엘리야의 요구에 기꺼이 응하여 자신과 아들의 최후 양식을 아낌없이 바칩니다.

기적이 일어났습니다.

밀가루 통에 가루가 떨어지지 않는 것입니다.

기름병의 기름이 없어지지 않고 가뭄이 끝나서 열매를 거둘 때까지 계속되었습니다. 하나님이 요구하신 것은 그녀가 가지고 있던 한 줌의 밀가루가 아닌 그녀의 믿음입니다.

사르밧 과부는 비록 가난했지만 믿음에 있어서는 부자였고 그것이 하나님을 기쁘시게 하였습니다. 하나님은 가뭄이 다 지나기까지 그가 포기했던 마지막 양식을 계속 먹을 수 있도록 축복하셨습니다. 하나님의 일은 자신의 가장 소중한 것, 가장 귀한 것 즉 마지막 양식을 바치는 것에서 출발합니다. (2001. 11. 4)

화목을 위하여

 한 젊은이가 심각한 표정을 지으며 스펄전 목사님을 찾아와서 다음과 같이 말했습니다.
"목사님 저는 교회 생활이 정말 힘듭니다. 다른 교인들을 보고 있으면 시험에 드는 일이 한둘이 아닙니다. 문제 없는 완전한 교회가 어디 없을까요? 있으면 소개해 주세요."
 그러자 스펄전 목사님이 빙그레 웃으면서 그 젊은이에게 말했습니다.
"글쎄, 자네가 혹시 그런 교회를 찾으면 나에게도 꼭 알려주게. 나도 그런 교회에서 목회하고 싶으니 말일세. 그러나 그런 교회를 찾아도 자넨 절대로 그 교회에 가면 안 되네. 왜냐하면 자네가 그 교회에 가는 날부터 완전했던 그 교회는 깨어지고 말 테니까. 자네 때문에 말이야!"

 스펄전 목사님이 젊은이에게 한 말은 의미심장한 교훈을 던지고 있습니다. 사람들은 어떤 문제가 생기면 일차적으로 "누구누구 때문에…"라고 생각합니다. 그러나 '누구'라고 생각하는 그 '누구'가 바로 자기 자신임을 깨달아야 합니다.

 자신을 좀 더 깊이 있게 들여다볼 줄 아는 사람은 결코 문제의 책임을 남에게 돌리지 않습니다. 사람은 서로가 약점을 가지고 있고 자신도 예외가 아님을 알기 때문입니다.
 서로 약점을 지닌 사람끼리 힘쓸 일은 서로 이해하는 것입니다. 이 시대를 사는 성도들에게 있어 중요한 것은 이해함으로써 화목을 도모하는 일입니다.
 서로 다투고 싸우는 것은 주님이 기뻐하지 않으실 뿐 아니라 성령께서도 역사하시지 않습니다. 그러므로 성도들은 화목을 전하는 사람이 되어야 합니다.

 성경은 예수 믿는 사람들을 '세상의 소금'(마 5:13)이라고 하였는데 소금의 역할은 맛을 내는 것입니다. 소금이 가진 짠맛 자체만으로는 맛이라고 할 수 없습니다. 그러나 짠맛이 어떤 싱겁고 맛이 없는 음식에 적당히 섞일 때 그 음식물이 가진 원래의 독특한 맛을 한층 돋우어 맛있게 합니다. 이것이 세상에 대하여 그리스도인들이 해야 할 맛의 역할입니다. 그렇다면 그리스도인들이 세상에 대하여 어떤 맛을 내야 할까요?

그것은 '화목'입니다.

이미 예수님께서 마가복음 9장 50절에서 가르쳐 주셨습니다.

"소금은 좋은 것이로되 만일 소금이 그 맛을 잃으면 무엇으로 이를 짜게 하리요 너희 속에 소금을 두고 서로 화목하라."라고 말입니다.

서로 화목하는 것이 소금의 맛입니다. 그러므로 그리스도인들의 삶에 있어서 화목을 깨는 일이 있어서는 안 됩니다.

자기의 감정, 느낌, 생각들을 표현할 때 다른 사람과 화목을 깨는 일이 되지 않기 위해 기도하십시오.

은혜롭고 덕스럽게 사람을 상대할 수 있는 은사를 위해 기도하십시오. 예수 그리스도 안에서 화목하여 화기애애한 분위기를 만들어야 합니다. 사도행전 9장 31절에 보면 교회들이 "평안하여 든든히 서가고…"라고 했습니다.

평안한 교회, 화목한 교회가 든든히 서가며 부흥한다는 것입니다. 화목한 가정이 행복한 가정이고 화목한 교회가 부흥하는 교회입니다. 지난 목요일 금요일에 있었던 건축기금 확보를 위한 바자회에 오셨던 많은 분이 이구동성으로 제게 한 말이 있습니다. 그것은 분위기가 너무 좋다는 것이었습니다.

모든 성도가 하나같이 기쁨으로 일하는 모습에서 화목한 분위기를 느꼈기에 그런 인사를 하고 갔겠다고 생각됩니다.

바자회 결산에서 이익금 얼마를 남겼는가가 중요한 것이 아닙니다. 성도들의 하나 된 모습, 최선을 다해 맡은 일을 끝까지 감당하는 일치된 모습 그것이 바자회의 성과였습니다.

수고한 모든 성도에게 주님의 위로와 상급이 넘치기를 기도합니다. 여러분들의 그 땀 흘림과 수고로 인해 주님의 교회가 든든히 세워지고 있습니다. 이제부터 주님 오실 때까지 화목을 전하는 사람들이 됩시다.

(2002. 4. 28)

믿으면

　제가 시골에서 목회할 때 어렸을 적에 집을 나가 소식 없는 딸을 둔 성도 한 분이 있었습니다. 어디에 있는지 소식을 알 수도 없고 찾을 수도 없었습니다.
　잃어버린 딸에 대한 그리움은 날로 더해만 갔습니다. 그 성도는 소원의 첫째도 딸을 찾는 것이었고 둘째도 딸을 찾는 것이었습니다.
　딸 비슷한 사람이 지나가면 혹시나 해서 그의 뒤를 따라가 보았지만 다른 사람이었습니다. 세월이 흘렀지만, 엄마는 딸을 마음에서 내보낼 수가 없어서 평생을 가슴에 묻고 살았습니다. 그래서 그것이 아픔이 되었고 눈물이 되었고 고통이 되었습니다.

　성경에 이런 이야기도 있습니다(마 18:12).
　어느 곳에 마음씨 착한 농부가 백 마리의 양을 키우고 있었습니다. 그는 양들을 자식처럼 보살피는 목자였습니다. 그는 자기의 양들을 사랑하였기에 비록 짐승이었지만 각기 이름을 지어주고 낮에는 들로 데리고 나가 풀을 뜯기고 밤에는 우리에 들게 하여 잠을 재웠습니다.

 어느 날 저녁 목자는 깜짝 놀랐습니다.

 양 한 마리가 없어진 것입니다. 어쩌다가 무리에서 떨어져 길을 잃은 것이 분명했습니다. 목자는 당장 길 잃은 양을 찾아 나섰습니다.

 캄캄한 밤, 어느 산모퉁이, 어떤 골짜기에서 사나운 짐승의 울음소리에 떨고 있는 어린 양의 모습이 눈에 어른거렸습니다. 그래서 그 밤에 산으로 갔습니다. 어둠이 그의 앞길을 가로막고 몸은 가시에 찔리고 발은 돌부리에 걸려 넘어졌지만 양을 향한 사랑 앞엔 그런 것들이 문제 되지 않았습니다.

 이 이야기를 읽을 때마다 저는 딸을 찾던 그 성도의 모습이 생각납니다. 왜냐면 딸을 찾는 엄마처럼 주님은 잃어버린 양들을 찾고 계시기 때문입니다.

 양은 순하지만 동시에 가장 연약한 짐승입니다. 사자 같은 날카로운 이빨이나 독수리같이 날쌘 날개도 없습니다. 그래서 목자가 안 지켜주면 날마다 사나운 짐승에게 당하기만 하는 존재입니다.

 양과 같이 약한 존재가 바로 인생입니다. 한 모금의 독가스로도 쓰러지고 보이지 않는 작은 병균에도 앓아눕습니다. 다 아는 것 같으나 자신에게 닥칠 일 초 후의 일도 모르는 시간의 맹인이며, 가장 똑똑한 것 같으나 자신이 어디에서 와서 어디로 가고 있는지도 모르고, 자신이 모르고 있다는 것조차 모르고 사는 존재들입니다.

세상의 썩어질 것들(돈이나 명예, 권세 등등…)을 위해 필사의 헌신을 다 바치지만 결국 그렇게 좋아하던 그 모든 것들로부터 배신당하고 결국 빈손으로 돌아가는 것이 인생입니다. 언제나 악에 정복되고 상처받으며 죄 가운데서 벗어나지 못하는 존재, 결국은 죗값을 지고 지옥에 떨어져야 할 존재입니다.

어떻습니까?
솔직히 말해서 자신이 그런 존재인 것이 느껴지지 않습니까? 그리고 당신을 구원하실 영혼의 목자가 필요하다고 생각되지 않습니까?
삶의 가치와 살아야 할 이유를 깨닫게 해주고 세상을 이길 힘을 주시며 모든 악에서 보호하시고 죄와 사망에서 건져주실 영혼의 목자 말입니다.

그분이 바로 예수 그리스도이십니다.
그분을 믿으십시오. 믿으면 당신의 영혼과 인생에 놀라운 일이 생길 것입니다(행 3:19).
구원의 길은 스스로 닦는 길이 아닙니다. 목자 되신 예수님께서 닦아두신 길로 들어서는 것입니다. 내가 힘써 걷는 길이 아니라 올라타면 저절로 가는 에스컬레이터와 같은 것입니다. 스스로 닦으려 하지 말고 예수 그리스도께서 닦아두신 믿음의 길로 들어서십시오. (2002. 5. 26)

선교해야 하는 이유

선교를 당연히 해야 할 일이라고 생각하면서도 미루는 교회들은 다음과 같은 핑계를 댑니다.
① 작은 교회는 교회가 부흥되면 하겠다고 합니다.
② 부흥한 교회는 조금 더 큰 교회가 되면 하겠다고 합니다.
③ 큰 교회가 되면 마지못해 하지만 자기만족을 위해서 합니다.
④ 또는 이것저것 이유를 댈 수 없으면 예루살렘<국내> 전도도 다 안 됐는데 무슨 땅 끝<국외> 선교를 하느냐고 말합니다. 그렇지만 예루살렘과 온 유대와 사마리아와 땅 끝까지는 동시적인 명령입니다.

사도들은 예루살렘 전도가 다 안 끝났지만 사마리아로, 로마로 나가서 전도했습니다. 우리가 아직 우리 민족, 우리 가족 전도를 다 못했어도 선교해야 하는 것입니다.

오늘 저에게 왜 선교해야 하는가? 라고 묻는다면 다음과 같이 대답할 것입니다.

주님의 명령이기 때문에 해야 합니다(막 16:15; 마 28:18-20).

명령에는 복종만이 있는 것입니다. 타협도 안 됩니다. 거역은 더더욱 안 되는 것입니다. 선교는 주님이 우리에게 주신 최후, 최대의 명령입니다.

받은 사명 때문입니다.

이 세상에 존재하는 모든 것은 사명이 있어 존재합니다. 마이크는 마이크로서의 사명을 다해야 합니다. 자동차는 자동차로서의 사명이 있습니다. 마이크가 제 사명을 다하지 못하고 자동차가 제 사명을 다하지 못하면 쓸모없게 되어 버려집니다.

성도가 세상에서 존재하는 이유는 하나님의 영광을 위해서입니다. 그리고 하나님이 가장 영광 받으실 가장 큰일은 무엇입니까? 그것은 영혼 구원 즉 선교하는 일입니다. 선교하는 일은 모든 그리스도인이 감당해야 할 사명입니다.

영혼들의 부르짖음 때문입니다.

바울이 아시아에서 복음을 전할 때 "이리로 건너와서 우리를 도우라"(행 16:6-10)라는 마게도냐 사람의 환상을 보고 유럽 전도를 시작했던 것처럼 지금 우리에게도 "와서 우리를 도우라"라고 부르짖는 수많은 영혼의 소리가 들리기 때문입니다.

주님의 재림을 준비하는 일이기 때문입니다.

"천국 복음이 온 세상에 전파될 때 끝이 오리라."(마 24:14)라고 주님은 말씀하셨습니다. 복음이 온 천하에 전파되지 않으면 주님은 오시지 않는다는 것입니다. 그러므로 선교하는 일은 주님의 재림을 기다리며 준비하는 일입니다.

오순절 성령 강림의 목적이 선교를 위해서였기 때문입니다.

성령이 임하면 권능을 받고 땅 끝까지 주님의 증인이 될 것이라는 말씀은 성령이 선교를 위해 강림하셨음을 말해줍니다. 그러기에 성령을 받아 구원받은 자들은 당연히 선교하는 일에 헌신해야 합니다(행 1:8).

예수 외에는 대안이 없기 때문입니다.

예수가 아니라도 구원받을 수 있다면 선교할 필요가 있겠습니까? 다른 이로서는 구원을 받을 수 없습니다(행 4:12). 오직 예수로만 구원받습니다. 세상에 스승은 많아도 구세주는 한 분, 인간의 죗값을 대신 지고 십자가를 지신 예수 그리스도뿐입니다. 예수가 아니면 구세주가 없기 때문에 우리는 예수를 전해야 합니다.

교회의 존재 이유와 축복의 비결이기 때문입니다.

주님께서 교회를 세우신 목적이 영혼 구원 때문입니다. 교회가 선교하지 않는 것은 그 존재 목적을 상실하는 것입니다. 에밀 부룬너라는 학자는 "불꽃이 없는 불은 불이 아닌 것처럼 선교하지 않는 교회는 교회가 아니다."라고 했습니다.

  어느 교회든 선교의 사명을 감당하기 위해 움직이면 부흥하고 성도들이 복을 받습니다. 선교하지 않는 교회는 침체하고 성도들이 복받을 기회를 얻지 못하게 되는 것입니다.

(2002. 6. 9)

새벽 시간을 기도로

핀란드의 한 사단 숭배자가 유언장에 자신의 농장을 '사단의 몫'으로 남긴다고 유언하고 죽었습니다. 사람들은 그의 유언을 어떻게 집행할지 몰랐습니다.

그의 유언장을 심사숙고한 법관은 이 사람의 유언을 실행하려면 농장에서 잡초가 자라게 버려두고, 집과 창고를 보수하지 말고 침식되고 유실되도록 내버려 두는 것이 제일 좋은 방법이라고 결정했습니다.

"사단에게 제일 좋은 방법은 아무것도 하지 않는 것"이라는 것입니다.

가장 무서운 죄는 영적으로 잠들어 기도하지 않는 죄입니다. 가장 어설픈 믿음은 하나님을 만나지 않는 것입니다. 가장 큰 실수는 기도를 포기하는 것입니다. 가장 치명적인 타락은 하나님과의 첫 대화를 잃어버리는 것입니다.

믿음의 사람들은 아침에 기도했습니다.

요샛말로 하면 새벽 기도했다는 것입니다. 그리고 다음과 같이 고백하였습니다. "하나님이 그 성 중에 계시매 성이 흔들리지 아니할 것이라 새벽에 하나님이 도우시리로다."(시 46:5) 그리고 "비파야, 수금아, 깰지어다 내가 새벽을 깨우리로다."(시 108:2)라고 말했습니다.

새벽을 깨우는 사람, 그는 새벽에 기도하는 사람입니다. 새벽 기도회에 나오는 것이 힘들면 출근할 때 교회에 들러 기도하고 하루를 시작하면 어떨까요?

아프리카의 열대 지방에는 '체체파리'가 옮기는 질병이 있는데 이 파리가 사람을 물게 되면 기생충이 그 사람의 혈관에 들어가서 아무런 고통 없이, 다만 계속 졸리게 한답니다. 결국은 잠만 자다가 사망에 이르게 된다고 합니다. 이 유행병 때문에 한때 약 10만 명 이상이 사망했다고 합니다.

오늘을 사는 우리 주위에도 '체체파리'와 같은 것들이 많습니다. 그것들은 사람들을 밤늦도록 세상 헛된 재미와 유혹으로 끌고 다닙니다.
아무런 고통도 없습니다.
다만 아침 일찍 일어나지 못하게 할 뿐입니다. 그래서 아침에 일찍 일어나서 하나님을 찾고 주님을 생각하는 것을 막고 기도하는 것을 막습니다.

주님은 성도가 아침 일찍 일어나 하나님을 찾고 그와 영적인 교제를 나누는 것을 가장 기뻐하십니다. 그러나 이 시대 사람들은 늦게 눕고 늦게 일어나기 좋아합니다. 일이 많아서가 아니라, 바빠서가 아니라 그냥 습관입니다.

아니 세상 것들, 즉 밤의 문화가 좋아서 그렇습니다.

밤의 문화는 대부분 죄와 관련되기 쉽습니다.

모든 술 취함과 음란, 폭력, 살인, 강도 등의 많은 범죄가 밤에 이루어집니다. 밤의 세력이 사람들의 마음까지 지배하고 있는 것입니다.

하나님의 시간은 새벽입니다.

이스라엘 백성들이 홍해 바다를 육지같이 건넌 것(출 14:24,25)도, 여리고성이 하나님의 능력으로 무너진 것(수 6:15)도 새벽이었습니다. 그리고 예수님의 부활도 새벽 미명에 일어났습니다.

새벽 기도를 드린다는 것은 하루 삶의 첫 시간을 주님께 드린다는 것이며 하나님께 대한 깊은 신뢰를 표현하는 것입니다.

새벽에 하나님이 우리의 기도를 들으시고 응답하십니다. 무엇이든 첫 시간이 중요합니다. 시작이 중요하다는 것입니다. 첫 시간을 기도로써 하나님과 만남으로 열어갈 수 있는 사람은 믿음의 사람이요 축복의 사람입니다.

(2002. 8. 11)

하나님을 의식하고 사는 사람

우리 교회를 건축할 때 골조 세우는 작업에 참여했던 기술자 한 분을 만났습니다. 그분은 교회에 다니지 않는 분이지만 자기 삶에 충실하며 아주 열심히 사는 분입니다. 그와 만나서 대화하는 동안 은혜로운 간증을 들었습니다.

그분은 전국의 크고 작은 건축 공사장에서 잔뼈가 굵은 사람입니다. 아주 성실하고 긍정적인 자세로 일하는 모습이 저의 마음에도 들었던 사람입니다. 그는 본래 담배를 자주 피우는 편이었다고 했습니다. 그런데 우리 교회 건축 현장에서 일하면서 담배를 끊게 되었다는 것입니다. 어떻게 그렇게 되었느냐고 물었습니다. 그의 대답은 이렇습니다.

어느 날 공사 현장에서 일하다가 무심결에 예배당 바닥에 담배꽁초를 버렸는데 머릿속에 번개같이 스쳐 지나가는 생각이 있었습니다. "이곳은 교회인데 담배꽁초를 함부로 버리면 안 된다."라는 것이었습니다.

　비록 교회에 다니지는 않지만, 신성한 곳을 건축하면서 그 일에 종사하는 자신이 담배꽁초를 함부로 버린다는 것이 영 마음에 걸리더랍니다. 그래서 그때부터 담배를 피우고 나면 꽁초를 공사장 밖에 버렸는데 매번 꽁초를 따로 버리는 일이 귀찮다는 생각이 들었습니다. 그래서 "차라리 담배를 끊어버리자."라고 마음먹고 담배를 끊었다는 것입니다.

　그의 말을 들으면서 감동을 받았습니다.
　거친 공사장에서 고된 일을 하지만 그의 생각이나 인격은 한없이 아름답다고 생각했습니다. 자기 일에 긍지를 가지고 있는 사람의 모습입니다. 신자보다 하나님을 더 생각하고 더 의식하는 사람이었습니다. 이런 사람은 반드시 하나님이 축복해 주실 것입니다.
　대부분 사람은 교회 건물 짓는다는 것 뻔히 알면서 담배 피우고 꽁초 버리는 것은 고사하고 화장실 가는 것이 귀찮아서 공사장 한편 구석에 실례를 하는 사람들도 있었습니다. 교회 공사를 하면서 계속해서 술을 요구하는 인부들도 있었습니다. 물론 그것이 무어 그렇게 중요한 것이냐고 물을 수도 있습니다. 다 수리되고 깨끗하게 될 텐데… 라고 말입니다.
　그러나 그것은 의식의 문제입니다.
　생각이 있는 사람과 생각이 없는 사람의 차이입니다. 일꾼과 품꾼의 차이입니다. 일당을 위해 일하는 사람들은 일을 소중하게 생각하지 않습니다. 목적의식이 없습니다. 대충대충 얼버무리고, 그럭저럭 시간 때우고, 품삯 받고 가버리면 그만이라는 생각을 합니다. 그런 사람들은 일의 보람을 추구하지 않습니다.

보람을 찾지 않기 때문에 자기 계발이나 발전이 없습니다. 아니 무엇보다도 하나님께서 기뻐하시지 않습니다.

다른 사람들은 아무렇지도 않게 생각할 작은 실수에도 양심의 가책을 느끼고 마음 아파할 줄 아는 사람, 무슨 일에나 '하나님이 어떻게 생각하실까'를 염두에 두는 사람, 이것이 그리스도인들의 모습이어야 합니다.

대선의 계절이 왔습니다.

선거 때마다 느끼는 것은 나라를 위해 큰일을 하겠다는 사람들이 참 많다는 것입니다. 자신만이 적임자라고 주장합니다. 그러나 진정 이 시대에 우리가 보고 싶은 것은 '큰일' 하겠다고 나서는 사람이 아니라 하나님을 의식하고 묵묵히 아주 작은 일에도 최선을 다하는 사람입니다. 그가 결국 큰일도 할 수 있을 것이기 때문입니다.

(2002. 12. 8)

복음의 빚을 갚는 일

2003년 5월 14일(수) 우리 교회가 지원하여 설립한 중앙아시아 키르기스스탄의 비쉬켁 소망교회 설립 1주년 기념 예배를 위해 출국했다가 무사히 돌아왔습니다. 기도해 주시고 협력해 주신 모든 성도님에게 감사를 드립니다.

1991년 옛 소련이 민주화되면서 독립된 지 12년이 지났지만 아직도 낙후된 경제로 인해서 대다수 사람이 일자리 없이 가난 속에 허덕이고 있는 나라, 현재 기독교인의 수가 0.3%에도 못 미치는 복음의 황무지에 교회를 세우고 어느덧 일 년이 지났습니다. 장년 출석 평균 100여 명이 모이는 교회로 성장한 모습을 보면서 그리고 이번에 24명에게 세례를 주면서 비쉬켁 소망교회가 든든하게 성장하는 모습에 너무도 큰 기쁨과 감사를 느꼈습니다.

이번 여행에는 저를 포함해서 열 명이 다녀왔습니다.

각자 자신들의 일터와 가정을 온전히 하나님께 맡기고 동행해 주셨고 모두가 현지의 음식과 문화에 잘 적응하며 은혜받는 모습이 담임목사로서 큰 기쁨이었습니다.

또 비록 함께 하지는 못했지만, 선교지에 가져갈 물품을 준비하는 일에 협력해 주시고 잘 다녀오라고 나와서 배웅하시던 성도님들이 있었기에 주님의 은혜를 더욱 느낄 수가 있었습니다.

주님께서 이번 선교 여행을 얼마나 기뻐하시는지 그 기쁨을 우리 일행에게 나타내 주셨습니다.

장시간 비행기, 자동차를 타는 여행 중에 건강을 지켜 주셔서 아프거나 먹는 음식에 탈이 나지 않았습니다.

이승연 형제는 평소에 수술로 인해 허리 아픈 증세가 있었으나 이번 여행 중에 편도 8시간 비행기를 타고 매일같이 평균 3-4시간 동안 차를 타고 움직이는 여정에도 전혀 아프지 않았습니다. 그는 하나님이 자신의 허리 병을 고쳐 주셨음을 간증했습니다.

우리 일행 모두 다 기쁘고 즐겁고 많이 웃고 서로 친밀해지며 은혜를 서로 나누는 교제의 시간이었습니다. 아마 선교 여행에 그렇게 많이 웃고 즐겁고 기쁘게 다녀본 것은 이번이 처음 있는 일 같습니다. 실질적으로 거리로 나가서 러시아어로 된 전도지를 돌리면서 한국에서 느끼지 못하였던 전도의 보람들도 느꼈습니다.

낯선 외국인이 전해주는 전도지를 너무도 호의적으로 받아주고 그 자리에서 꼼꼼하게 읽어보는 것을 보면서 말이 안 통해도 무엇인가 자꾸 질문하는 그들에게서 영적인 갈급함을 느꼈습니다. 그리고 비쉬켁 소망교회, 까리발타 소망교회 교인들과 함께 예배를 드리면서 그리스도 안에서 서로 형제요 자매임을 확인하였습니다.

온 세상에 그리스도의 복음이 충만하게 전해야 할 사명이 우리에게 주어졌습니다. 이 일에 충실할 때 교회는 그 존재 가치를 인정받게 되고 개인들은 큰 은혜와 복이 임할 것입니다.

우리 교회는 비쉬켁 소망교회 1주년을 기해서 "키르기스 중앙아시아 개혁신학교"를 세우게 되었습니다. 복음의 사역자를 배출하고 기독 정신으로 무장된 사회의 지도자를 양성한다는 비전을 가지고 이번 9월 학기부터 본격적인 사역을 하게 될 것입니다. 신학교 전임사역을 위해 7월 말에 방창원(시몬) 목사님을 파송하게 됩니다.

우리는 은혜의 빚을 졌습니다.

온갖 우상숭배와 미신, 질병과 가난에 찌들어 캄캄하기만 하였던 이 땅에 구원과 문명의 밝은 빛을 전해주었던 많은 선교사의 눈물겨운 헌신으로 오늘의 한국 교회가 세워졌습니다. 우리는 구한말(舊韓末) 복음을 들고 이 땅을 밟았던 수많은 선교사의 발자취를 따라야 합니다. 그것이 바로 주님의 뒤를 따르는 일이며 복음의 빚을 갚는 일이기 때문입니다. (2003. 5. 25)

주님이 감격하시게 하십시오

솔로몬 왕은 이십 세에 왕이 된 후 그 무엇보다도 먼저 하나님께 감사를 드리는 일천 번제 제사를 드렸습니다. 하나님은 그에게 소원을 물으셨습니다.

이때 솔로몬은 스스로 '작은 아이'임을 고백하며 백성들을 잘 인도할 수 있는 지혜를 구하였습니다.

하나님은 크게 기뻐하시며 지혜로운 마음과 함께 구하지 아니한 부와 영광까지 허락하셨습니다.

그리스도인들은 가끔 하나님을 크게 기뻐하시게 할 필요가 있습니다. 아브라함이 그랬습니다. 아들 '이삭'을 제물로 바치라는 하나님의 명령에 어떤 의심이나 질문도 없이 오직 순종하는 그에게 "이제야 네가 네 아들보다 나를 더 사랑하는 줄 알았다." 하시며 크게 기뻐하시고 축복하셨습니다.

솔로몬의 일천 번제에 하나님이 감탄하신 것은 그 제물의 숫자와 규모 때문만은 아니었습니다.

그의 헌신의 태도에 감탄하신 것입니다.

일천 번제는 왕이 되기 위해서 드린 것이 아니라 왕이 된 것을 감사해서 드린 헌물이었기 때문입니다.

사람들은 자신들의 필요를 채우기 위해서라면 억만금이라도 아낌없이 바칩니다. 더 좋은 것을 더 많이 얻기 위해서 '투자의 원리'를 적용합니다.

은혜 달라고 물질을 바치고 복을 달라고 헌금을 드립니다. 그러나 그런 헌금은 하나님이 기뻐하시지 않습니다. 헌금은 받은 은혜와 사랑에 대한 감사로 드려야 하는 것입니다.

솔로몬은 자신을 아이같이 연약하고 부족하여 자격이 없는 자라고 고백하였습니다. 사실 솔로몬은 왕이 될 자격이 없는 사람입니다.

솔로몬의 친어머니는 다윗과 불륜의 관계에 있었던 '밧세바'입니다. 그런데 하나님은 그를 다윗의 후계자로 삼았습니다. 태어날 때부터 자격 없는 자가 왕이 된 것입니다.

이것이 은혜요 기독교가 갖는 심오한 진리입니다.

구원받을 수 없는 나를 구원하신 것, 사랑받을 수 없는 나를 사랑하신 것 말입니다. 그러기에 우리는 내 모든 것을 다 드려 감사해도 부족한 존재들입니다.

미국 남가주 사랑의 교회에서 교회 부흥을 위해 40일 작정 새벽 기도회를 했는데 교회에서 고속도로를 2시간 이상을 달려야 할 정도로 멀리 사는 여 집사님이 개근상을 받았습니다.

상 받는 자리에서 담임 목사님은 그분에게 이렇게 말했습니다.

"집사님 교회가 너무 멀어서 고생했지요."

그랬더니 그 집사님은 이렇게 대답했습니다.

"목사님, 저는 한 번도 집에서 교회가 멀다고 생각해 본 적이 없습니다. 다만 내 집이 교회에서 너무 멀다고 느꼈을 뿐입니다."

그분의 말에 담임 목사는 얼마나 감격했을까요? 그분의 마음에는 교회를 사랑하는 마음이 가득했던 것입니다. 사랑하면 공간적인 거리가 문제 되지 않습니다. 주님을 사랑하는 자가 주님을 감격하시게 할 수 있습니다.

헌금을 하든, 봉사를 하든, 예배를 드리든, 선심 쓰듯 하지 마십시오. 주님이 감격하시게 하십시오.

(2003. 9. 21)

예수님처럼은 못 되어도

우리 교회 표어는 "참 빛 예수 빛으로 전하자"입니다. 이 표어는 우리 모든 성도들이 예수님이 비춰주신 아름다운 빛을 세상에 나타내어 복음을 전해야 한다는 선교 비전을 담고 있습니다. 선교는 주님께서 교회를 세우신 목적이며 교회가 존재하여야 하는 이유입니다. 그러므로 교회가 선교하지 않는다면 그것은 교회를 세우신 예수 그리스도를 가장 섭섭하게 하는 것입니다.

우리 교회는 선교하는 교회로 오늘까지 자리매김해 왔습니다. 개척 초기에서부터 선교하는 일을 교회의 최우선 과제로 삼았고 재정을 투자하고 힘을 쏟았습니다. 개척 초기에 땅을 사거나 교회 건물을 짓기 위한 목적으로 적금통장을 가져 본 적이 없습니다.

오직 지역 사회를 섬기며 농어촌 미자립 교회와 개척교회를 후원하고 선교사를 파송하며 후원하는 일에만 힘썼습니다. 그것은 주님의 명령이며 소원이었고 우리가 당연히 순종해야 할 과제였습니다. 오직 선교를 외치며 그것만을 위해 재정과 혼신의 노력을 쏟았습니다. 그런데 하나님은 기대하지도 않았던 땅을 1,042평이나 갖게 하셨고 생각지도 않았던 아름다운 예배당 건물까지 짓게 하셨습니다. 교회를 지으면서도 건축을 위한 건축이 아니라 선교를 위한 건축임을 분명히 했습니다.

착공 예배를 드리면서 선교사를 파송하였고 준공 기념으로 또 한 분의 선교사를 파송하였습니다. 이것은 교회 건물을 짓는 것보다 선교가 우선이라는 사실을 건축하면서도 알리고 싶었기 때문입니다. 그런데 하나님은 우리의 이런 생각을 어여삐 보셨습니다.

일반적으로 어느 교회나 교회 건축이 시작되면 부담을 느끼고 교회를 떠나는 교인들이 생깁니다. 그런데 우리 교회는 건축하는 만 1년 동안 교인이 떠난 것이 아니라 오히려 새 신자가 175명이나 등록하였습니다. 건축하는 중에 새 신자가 그렇게 등록하였다는 것은 일반적인 현상이 아닙니다.

우리 교우들은 교회에 대한 자부심과 긍지가 대단합니다. 그것은 훌륭한 건물 때문이 아닙니다. 하나님이 기뻐하시는 일 즉 선교하는 일을 하고 있다는 확신 때문입니다.

하나님은 우리에게 그러한 확신을 주셨습니다.

우리는 선교하는 일들을 통해서 하나님께서 함께하심에 대한 놀라운 증거들을 보았습니다. 우리는 예배당 건축은 교회의 할 일이 끝났음을 의미하는 것이 아니라 우리가 해야 할 일이 더 많아졌음을 의미한다는 사실을 잘 알고 있습니다.

우리가 해야 할 일 즉 사명은 첫째도 선교요 둘째도 선교입니다. 선교는 가까운 이웃으로부터 시작하여 저 멀리 복음을 듣지 못한 이방 나라까지 주의 복음을 전하는 일입니다. 우리가 우선적으로 해야 할 일은 전도하는 일입니다. 그리고 전도는 말로만 하는 것이 아닙니다. 그리스도의 빛이 나타나야 합니다.

우리에게서 그리스도의 빛이 나타나지 않으면 아무리 전도해도 설득력이 없습니다. 교회가 빛나고 교인이 빛나야 합니다. 그 빛은 불신자들의 입을 통해서 칭찬 듣는 방식으로 드러나게 될 것입니다. 우리가 전도해야 하는 그들에게 욕먹는 교인들이 되면 안 됩니다.

상식과 윤리, 도덕적 수준이 불신자들보다 더 저급하다면 어떻게 사람들이 우리의 전도를 듣고 예수님을 믿으려 하겠습니까?

예수님은 훌륭하신데 그 예수를 따르는 사람들은 나쁘다는 소리를 더 이상 들어서는 안 됩니다. 예수님처럼은 못 되어도 예수님의 흉내라도 냅시다.

(2004. 8. 15)

예수님의 마음

 이스라엘의 베들레헴에 가면 예수님이 탄생하신 장소라고 전해진 곳에 성탄 기념교회(Church of the Nativity)가 세워져 있습니다.
 이 교회당은 AD 325년경 콘스탄티누스 황제(Constantine the great, 306-337)의 모친 '헤레나'가 세운 것입니다. 건물의 규모는 길이 51m, 폭 24m로 십자가형인데 특이한 것은 들어가는 문이 아주 좁고 낮아서 빨리 들어 갈 수 없고, 허리를 굽히고 천천히 들어가야만 한다는 것입니다.

 이 교회가 이렇게 설계된 이유는 무엇일까요?
 그것은 예수님이 태어난 장소에 들어갈 때는 겸손하게, 그리고 천천히, 예수님 탄생의 뜻을 생각하며 들어가라는 의미입니다. 오늘날에는 성탄의 뜻을 모르고 크리스마스를 단지 공휴일 개념으로 여기고 또 연말연시와 겹쳐 있어 사람들의 마음이 괜히 들떠 보내는 경우가 있습니다. 그러나 크리스마스는 예수님께 예배드리는 날입니다.

 예수께서 탄생하신 밤, 천사들이 "지극히 높은 곳에서는 하나님께 영광이요…"라고 하늘 높이 찬양을 불렀던 것처럼 말입니다.

 크리스마스(Christmas)라는 말은 원래 라틴어에서 유래하였는데 그리스도(Christ)라는 말과 예배(Mass)라는 말이 합해진 말입니다. 예수 그리스도께 경배하는 날이라는 뜻입니다. 그러나 오늘날 많은 사람은 크리스마스에 예배를 드리지 않습니다.

 존 데이비드라고 하는 사람은 말하기를 12월에는 두 개의 크리스마스가 있는데 하나는 X-Mass, 또 하나는 Christmas라는 것입니다. 의미를 전혀 알지 못하고 지키는 크리스마스는 X-Mass 입니다.

 X는 부정적인 표시이며, 또 미지수를 나타내는 말입니다. 예수와의 만남이 아닌 그 어떤 X와의 만남을 위해 모두 흥청거리고 있습니다. 어떤 사람이 자신의 일기장에 크리스마스 날의 일기를 다음과 같이 썼습니다.

 "12월 24일 / 직장 동료들과 술 마시고 집에 와서 잠잤다. 12월 25일 / 교회에 갔다 와서 친구 만나서 술 마시고 돌아와 잤다."

 이것이 오늘날 우리들의 크리스마스의 현주소인지도 모릅니다. 이기주의와 욕심으로 가득 찬 상술이 난무하고 유흥과 쾌락과 이기주의가 마음을 사로잡고 있는 이상 진정한 크리스마스의 의미는 없어져 버린 것입니다.

김지하 씨의 "금관의 예수"라는 글을 보면 사람들이 교회당에 모여 저마다 가장 귀하고 좋은 것들을 가지고 예수님의 동상을 만들었습니다. 그들은 최고의 정성, 최고의 헌신을 다해 머리에는 금관을 씌워 드리고, 눈은 다이아몬드를 박았습니다.

몸에는 값비싼 장식품들로 꾸몄습니다. 그리고 금년 성탄절은 예수님이 가장 기뻐하실 거라며 그 앞에서 성탄 파티를 열고 좋아합니다. 그러나 예수님의 눈은 그들을 바라보고 있지 않습니다.

예수님의 눈은 바로 교회에서 얼마 떨어지지 않은 곳에 있는 어느 가난한 처녀의 집을 응시하고 있었습니다. 그 처녀는 병든 어머니를 치료하기 위해 밤에는 술집에 나가서 취객들의 유흥 상대가 되어야 했습니다. 사람들은 그녀를 밤의 여자, 더러운 여자라고 정죄했습니다.

심지어 교회 사람들마저도 말입니다. 그 누구도 그녀의 형편과 그녀의 아픔과 그녀의 고통에 관해 관심을 가져 주는 사람들이 없었습니다. 그런데 주님은 그녀를 향하고 있었습니다. 어젯밤에도 온갖 남자들의 희롱거리가 되어 비틀거리며 들어오는 그 여자를 보시며 울고 계셨습니다.

이 시대에 주님의 눈물을 그치게 하는 것이 예배입니다. 그리고 교회당에서 드리는 예배 외에 삶의 현장에서 예배를 드려야 합니다. 서양 사람들에게는 크리스마스 다음 날을 boxing day라고 합니다. 상자에 무엇을 담는 날이라는 것입니다.

가난하고 소외된 이웃들과 평소 은혜를 받았던 고마운 사람들에게

상자에 선물을 담아 보내는 날을 박싱 데이라고 합니다. 이번 크리스마스는 진정한 예배를 드려봅시다. 천사들의 찬양처럼 하나님께 영광을 돌리고 우리 모두에게는 사랑과 평화가 넘치는 예배를 말입니다.

  진정한 예배는 주님의 마음을 헤아리는 것입니다. 그리고 주님께서 관심을 가진 것에 관심을 두고 주님께서 하고자 하셨던 일을 내가 하는 것입니다. 교회당 안에서 드린 예배가 삶의 현장에서 실천되는 것입니다. 내가 고백한 믿음이 생활 현장에서 나타나는 것입니다.

(2004. 12. 25)

양정인의 3대 정신

우리 교회는 초창기에 전북대학교 앞 상가 건물에 세를 들어 있었습니다. 대학교 앞에 위치해 있어 많은 학생이 오갔습니다. 그중에 ROTC 장교 후보생들도 있었습니다. 그들은 대학생이지만 졸업하고 군대를 장교로 가기 위해 군사 훈련을 미리 받는 사람들입니다.

멋있는 제복을 입고 반짝반짝 빛나도록 구두를 닦고 절도 있는 걸음걸이로 길을 가다가 선임을 만나면 차렷 자세를 하고 큰 소리로 구령을 붙이며 깍듯이 경례합니다.

멋있어 보이지만 그것만으로는 훌륭한 군인이 될 수 없습니다. 그렇게 예절이 바르고 신사 같다고 할지라도, 전쟁터에 나가 자기 목숨을 바칠 수 없는 한 그는 군인이 아니요, 장교가 아닙니다.

문제는 군인으로서 예절도 중요하고 절도 있는 몸가짐도 중요하지만 정말 중요한 것은 전쟁이 났을 때 나라와 민족을 위해 자기 목숨을 돌아보지 않고 싸울 수 있는 군인 정신이 있느냐 하는 것입니다. 제복만 입었다고 군인이 아니라 군인에게는 군인 정신이 있어야 진정한 군인입니다.

성도들도 마찬가지입니다. 교회만 다닌다고 교인이 아닙니다. 중요한 것은 진정한 교인 정신 즉 성도 정신이 있느냐 하는 것입니다. 성도 정신은 예수 정신입니다. 즉 예수님의 마음을 품고 예수님의 정신을 갖는 것이 우리 신앙인들의 목표입니다.

저는 개인적으로는 예수님의 마음과 성품을 본받기를 원하고 있습니다. 그리고 목회에 있어서도 예수님의 정신과 성품을 나타내는 목회가 되기를 소원하고 있습니다. 그래서 양정인의 삼대 정신과 삼대 성품을 이야기합니다.

삼대 정신은 '위하여 정신' '밀알 정신' '주라 정신'인데 첫째로 '위하여 정신'은 시편 79편 9절 말씀을 근거로 하여 모든 일을 "하나님의 영광을 위하여…" "내가 아닌 다른 사람들을 위하여…" 라는 목표를 이루는 것입니다. 제가 처음 은혜 받으면서 제 인생의 모든 삶을 주님을 위하여 살겠다는 신앙 고백을 하게 했던 말씀입니다.

두 번째는 '밀알 정신'입니다.

요한복음 12장 24절의 말씀에 따라 밀알이 되자는 것입니다. 밀알 정신은 희생정신입니다. 주님을 위해 기꺼이 자기를 희생하는 사람을 통해 하나님은 놀라운 열매를 맺게 하십니다.

세 번째는 '주라 정신'입니다.

누가복음 6장 38절의 말씀은 우리 교회 개척의 목적이 되는 말씀으로 이 말씀을 근거로 우리 교회가 추구하는 선교 정신입니다. 나누어주고 베푸는 삶은 우리 자신의 존재가치를 느끼게 하고 삶의 보람을 느끼게 하며 30배 60배 100배의 열매를 맺게 하는 축복의 정신이기도 합니다.

그리고 3대 성품은 '친절성', '정직성', '헌신성'입니다.
너희는 어두운 세상의 빛이라고 하신 말씀을 따라 빛이 갖는 속성에 근거하여 세상을 밝히는 빛 된 하나님의 자녀들이 가져야 할 세 가지의 성품을 말합니다.
첫째는 친절성입니다.
빛에는 따듯함이 있는 것처럼 그리스도인들은 따듯해야 합니다. 즉 친절해야 한다는 것입니다. 그리고 두 번째는 정직성입니다. 빛이 직진하는 것처럼 세상의 빛 된 성도들은 정직성을 소유해야 합니다.
세 번째는 빛이 만들어지려면 무엇인가 타야 하는 것처럼 그리스도인들이 세상의 빛이 되려면 헌신하는 성품이 있어야 합니다.
이 삼대 정신, 삼대 성품은 우리 양정교회와 양정인들을 통해 실현되기를 바라는 저의 목회 철학이며 목회 정신입니다. 어떻게 하면 모든 교우가 삼대 정신, 삼대 성품을 갖게 할까? 하는 것이 저의 고민입니다.

(2005. 1. 16)

금식을 마치며

하나님의 은혜로 21일 금식을 무사히 마쳤습니다. 하나님께서 하게 하셨고 할 수 있는 힘을 주셔서 감당했습니다. 솔직히 21일을 금식한다는 것은 쉬운 일은 아닙니다. 단 하루도 하나님이 힘을 주시지 않으면 못 합니다.

어느 나라에 왕이 가장 용감한 청년을 뽑아서 큰 상을 내리고자 했습니다. 수많은 청년이 모두 자신의 용맹성을 뽐내기 위해 몰려들었습니다. 왕은 그들을 물살이 세고 깊은 강가로 데려가서 누구든 이 강물을 헤엄쳐서 건너는 사람을 가장 용감한 사람으로 여기고 상을 주겠다고 했습니다.

모인 청년들은 깊고 물살이 거센 강물을 보자 그만 기가 죽었습니다. 누구도 먼저 강물에 뛰어드는 사람이 없었습니다. 왕은 건너편에서 이 광경을 지켜보고 있었습니다.

모두 머뭇거리고 있는데 이윽고 한 청년이 용감하게 강물로 뛰어들어 수영을 해서 무사히 강을 건너는 것이었습니다. 왕은 그 청년을 불러 칭찬하며 어디서 그런 담대함이 생겼느냐고 물었습니다. 그러자 청년이 대답했습니다.

"폐하 누군가 저의 등을 떠밀어 강물에 떨어졌고 죽지 않으려고 힘을 다해 헤엄을 치다 보니 건너게 된 것이옵니다."

어쩌면 그 청년처럼 등 떠밀려서 금식했습니다.
하나님이 등을 떠밀었습니다. 나의 부족함과 연약함이 등을 떠밀었고 기도해야 할 제목들이 등을 떠밀었습니다.
사람들은 장기 금식기도를 하면 무슨 큰 영광이나 얻은 것처럼 자랑합니다. 그러나 저는 그렇게 생각하지 않습니다. 20일이든 40일이든 장기금식 자체가 자신의 문제 때문에 시작하는 것입니다.
오죽 답답하고 해결해야 할 문제가 많았으면 생사를 넘나드는 장기금식을 하겠습니까. 그리고 인간은 금식을 하기 전에도 인간이고 금식을 성공한 후에도 여전히 밥 먹고 온갖 욕구를 분출하며 사는 인간입니다. 그러기에 자랑할 것이 없습니다. 금식을 백날을 해도 인간은 천사가 될 수 없고 신이 될 수 없기 때문입니다. 주님의 은혜가 임해야 합니다. 긍휼히 여기시는 은혜가 있어야 합니다. 그것이 금식 기도든 밥을 먹고 기도하든 우리가 하나님의 은혜를 입지 않으면 아무 소용이 없습니다.

어쩌면 지금까지 우리 교회는 하나님께 등 떠밀려서 여기까지 왔습니다. 개척 때부터 선교의 강물에 하나님께서 우리를 내몰았습니다. 교회가 해야 할 일이 땅 끝까지 복음을 전하는 일이라는 사명감을 주시고 선교현장으로 내몰아주셨습니다.

우리 쓸 것 못 쓰고 선교했습니다. 선교에 미쳤다 소리 들으며 오직 전력을 바쳤습니다. 그러다 보니 주님께서 또다시 등 떠밀어서 교회를 건축하게 했습니다. 선교를 앞세우고 선교에 모든 재력을 투자했기 때문에 교회 땅을 사고 건축하는 일은 생각지도 못했습니다. 그래서 건축 헌금 한 푼도 준비되지 않은 상태에서 순전히 하나님께 등 떠밀려서 부지를 구입하고 오늘의 성전을 지었습니다.

성전을 지으면서도 선교했습니다.

성전건축 착공 예배 기념으로 선교사를 파송하고 입당예배 기념으로 선교사를 파송했습니다. 현재 7명의 선교사를 파송하고 재정수입의 30% 이상을 해외 선교와 국내 선교에 투자하고 있습니다.

하나님은 우리를 어여삐 보시고 건축 중에도 178명의 새 신자를 보내주셨고 완공 후에 교인 숫자가 두 배로 불어나는 축복을 주셨습니다. 그러나 이것도 우리의 자랑이 아닙니다. 선교한다는 핑계로 성전 건축 3년이 되어 가는데도 아직 하나님의 성전을 헌당하지 못했기 때문입니다.

선교가 우리의 교만한 자랑이 되어서는 안 됩니다.

헌당식을 못 한 핑계가 되어서는 안 됩니다. 선교는 당연히 해야 할 일이기 때문입니다.

 이제 성전 봉헌은 우리의 몫입니다.
 하나님의 전이 더 낡아지기 전에 은행 돈으로 지어 건물 소유권이 은행에 있는 이 예배당을 우리의 헌신으로 하나님께 돌려 드립시다.

(2005. 7. 31)

우리 교회 주보

어느 교회를 가든지 그 교회의 사정을 가장 손쉽게 알 수 있는 것이 있다면 그 교회의 주보입니다.

주보는 일반적으로 예배 순서와 교회 소식 그리고 각종 예배 순서 맡은 봉사 담당자 명단과 지난주 헌금자 명단을 게재하여 매주 한 번씩 발행하기 때문에 그 교회의 얼굴과 같은 역할을 합니다. 그래서 규모가 큰 교회든 작은 개척 교회든 간에 주보를 만듭니다.

우리 교회도 개척 초기부터 주보를 만들었습니다.

처음에는 손으로 예쁘게 써서 복사했습니다. 20-30장 정도 복사하여 사용하던 주보가 이제는 매주 15,000여 장의 많은 양을 인쇄해옵니다. 주보를 단지 내부용으로만이 아니라 외부적인 전도 목적으로 사용하기 때문입니다.

지금까지 화려하게 인쇄된 고급 전도지를 사용해 보았지만 사람들이 전도지를 잘 읽지 않습니다. 고급 종이에 컬러 인쇄되어 화려하기는 하지만 정작 불신자들에게 그런 전도지의 내용이 잘 전달되지 않았습니다. 그래서 고민하던 끝에 주보를 전도지로 활용하면 좋겠다고 생각했습니다.

 종이의 질도 인쇄도 고급 전도지에 비하면 견줄 바가 못 되지만 교회를 알리고 복음의 내용을 싣는다는 측면에서는 매주 자체적으로 발행되는 주보만큼 효과적인 것이 없기 때문입니다. 단지 교회 소식이나 예배 순서 정도를 실어서는 전도지와 교회 홍보지의 역할을 할 수가 없습니다. 그래서 생각해 낸 것이 목회 칼럼을 쓰는 일이었습니다.
 한 주간 담임목사가 생각하고 느꼈던 이야기들, 삶의 애환이 담긴 성도들의 이야기, 그리고 아주 짤막하지만 읽어서 느낌이 있고 감동이 있는 이야기들을 싣는 것입니다. 저는 이 목회 칼럼을 아주 소중하게 생각합니다.
 교인들뿐만 아니라 송천동의 어떤 타 종교인이 보더라도 무엇인가 감동을 주고 느낌을 줄 수 있는 글을 쓰려고 애쓰고 있습니다. 그러기 때문에 한 편의 목회 칼럼을 쓰기는 쉬운 일이 아닙니다. 그런데 쉽지 않은 만큼 보람도 있습니다.
 우리 교회 주보는 매주 송천동의 많은 가정에 아주 신실한 우리 교우들의 손을 통해서 배달됩니다. 물론 여러 가지 이유로 반대하는 분들이 있습니다. 그러나 또 많은 분이 양정교회 주보를 사랑하고 애독하고 있습니다. 심심찮게 감사의 편지나 전화를 주시는 분들이 있기 때문입니다.

　지난 목요일 제게 전화를 주셨던 한 할머니의 이야기는 제게 큰 기쁨이었습니다. 그분의 남편이 73세에 병으로 세상을 떠나신 지 한 달 조금 지났는데 남편에 대한 그리움으로 슬픔 속에 계신 분이었습니다. 그런데 그 남편 되시는 할아버지가 생전에 계실 때 우리 교회 주보 애독자셨다는 것입니다.

　비록 교회는 나오시지 않았지만, 주보에 실린 목회 칼럼과 짤막한 예화들을 통해서 병환 중에 위로와 용기와 힘을 얻으셨다는 것입니다. 이제 남편은 가고 안 계시지만 남편이 그렇게 사랑하고 즐겨 읽으셨던 양정교회 주보를 자신이 대신 열심히 읽겠노라고 약속하셨습니다.

　문서 전도는 아주 중요합니다.
　하나님은 우리 인생들을 무척이나 사랑하셨습니다. 그래서 세계 모든 사람이 시간과 공간을 초월하여 하나님의 음성을 들을 수 있도록 선지자들에게 주셨던 당신의 말씀을 글로 기록하게 하셨던 것입니다. 그것이 성경입니다. 그러기에 문서 전도는 하나님이 최초로 사용하신 전도법입니다.
　오늘도 기도하며 이 글을 씁니다.
　우리 교회 주보를 읽는 모든 분에게 하나님의 은혜와 복이 영육 간에 충만하게 임하기를 기도합니다. (2005. 9. 11)

우리 교회 장로 수와 선교사

2005년 우리 교단 총회 세계선교회 통계자료에 의하면 우리 교단 전체 교회 수는 7,259 교회입니다. 그중에 선교사를 파송한 교회는 350여 개 교회에 불과합니다. 350여 개 교회에서 709가정 1,283 명의 선교사가 파송됐습니다.

우리 교단 내 수많은 교회가 있지만 선교에 관심을 가지고 적극적으로 선교하는 교회는 그렇게 많지 않다는 것을 말하고 있습니다.

우리 교회는 재정 수입의 30% 이상을 선교비로 사용하여 전체 7가정(부부 5,싱글 2)의 선교사를 파송하였습니다. 금년 교회 설립 19주년을 기념하여 파송하는 3명의 선교사를 합하면 공식적으로 파송 선교사가 10명이 됩니다(부부 6, 싱글 4).

숫자 면에서 우리 교회는 규모로 볼 때 10배 정도 되는 교회가 해야 할 일을 하고 있습니다. 그러나 숫자보다도 더 중요한 것은 선교를 어떻게 하느냐 하는 것입니다. 생색내기 위한 선교는 절대로 자기 허리띠를 졸라매지 않습니다.

교회가 어려워지거나 힘들어지면 선교사를 지원하는 선교비부터 줄이는 것이, 생색내는 선교입니다. 선교 정책이나 철학과 비전이 없습니다. 그러나 주님이 기뻐하시는 선교는 힘들고 어려워도 감당합니다. 자신의 허리띠를 졸라매고 울면서 감당합니다.

선교는 주님의 지상명령이요, 교회의 존재 이유이며 교회가 부여받은 절체 절명의 사명입니다. 해도 되고 안 해도 되는 선택사항이 아니라 반드시 해야 하는 필수사항입니다. 복음의 빚을 졌기에 해야 하고 주님의 명령이기에 해야 합니다. 하나님이 사람을 세우시는 일도 이 일 때문입니다. 우리 교회는 IMF 때에도 선교비를 줄이지 않았고, 교회당 건축 중에도 선교비를 줄이지 않았습니다. 그래서 힘들었습니다. 그렇지만 그 힘듦은 행복한 힘듦이었습니다. 성도들은 교회에 대한 자부심과 긍지를 갖게 되었고 하나님은 이를 기뻐하시고 부흥이라는 은혜를 주셨습니다.

지난주 우리는 장로 임직 투표를 했습니다. 결과는 두 분밖에 당선이 안 되었습니다. 저도 적은 숫자에 놀랐습니다. 장로직은 세상 직분이 아니라 하나님이 주는 직분이요 하늘의 상급만을 바라보아야 할 섬기는 직분입니다.

보상이나 상급이 이 땅에 있지 않습니다. 하늘에 있습니다. 그러나 직분이 상급이 아니라 '충성도'가 상급입니다. 세상 직분은 그 직분 자체가 상급이어서 일단 높은 자리에 앉기만 하면 영광스럽습니다. 그러나 교회 직분은 직분 자체가 영광스러운 것이 아닙니다.

　일이 영광스럽습니다.

　집사든 평신도든 장로든 섬김의 일에 동참하지 않으면 오히려 직분 때문에 책망받게 됩니다. 저는 늘 입버릇처럼 장로 한 사람 당 선교사 한 사람씩 파송한다고 선언해 왔습니다.

　우리 교회 선교사 수는 금년에 3명을 파송하면 10명이 됩니다. 그래서 금년에 기존 장로 5명과 이번 공동의회에서 시무에 당선된 3명 그리고 새로 임직 피선된 2명을 합하여 10명의 장로가 되게 하시는지도 모릅니다. 내년에 또 파송하려면 장로 숫자가 늘어나야 할 것입니다.

　장로는 그만큼 교회와 선교에 부담을 지고 일을 감당해야 하는 직분이기 때문입니다. 장로 수에 선교사 수가 따라가든지 선교사 수에 장로 수가 따라가든지 그것은 하나님이 하실 일입니다. 중요한 것은 우리 교회 장로님들은 선교를 위해 기도하고 물질로 지원하는 일에 최선을 다해야 한다는 것입니다.

(2005. 10. 2)

가장 양정교회다운 것

 세탁소에 갓 들어 온 새 옷걸이한테 고참 헌 옷걸이가 "너는 옷걸이라는 사실을 한시도 잊지 말길 바란다."라고 말했습니다. 그러자 새 옷걸이가 물었습니다.
 "왜 옷걸이라는 것을 그렇게 강조하시는지요?"
 헌 옷걸이가 대답했습니다.
 "잠깐씩 입혀지는 옷이 자기의 신분인 양 교만해지는 옷걸이들을 그동안 많이 보았기 때문이다."

 그렇습니다.
 세상에 잠깐 입혀지는 것이 자신의 신분이 아닙니다.
 겉에 입혀진 것이 아닌 자기 내면의 것이 겉으로 드러나서 그것이 자신의 신분이 되어야 합니다.
 내면의 모습이 겉으로 드러나서 신분이 되는 것은 그 사람의 인격과 성품이 말과 행동으로 나타날 때 가능합니다. 그래서 '누구누구답다'라는 말이 통하는 사람이 되어야 합니다.

  학생답다, 교수답다, 그리스도인답다 등 말입니다.

  그리스도인들에게 있어서 진정한 신분은 하나님의 자녀라는 것입니다. 그런데 많은 사람이 그리스도인이면서 세상이 주는 신분이 자신의 본래 신분인 양 자랑하며 살 때가 많습니다.

  하나님의 자녀라는 신분을 잊고 세상의 사장이나 회장, 유명한 회사 직원, 명문대 학생, 명문대 교수 등 그런 것들로 옷을 입을 때가 있습니다.

  물론 그런 것들도 중요합니다. 그러나 그건 잠시 걸치고 있을 뿐인 신분입니다. 옷걸이에 잠시 좋은 옷을 걸어두는 것처럼 말입니다.

  그때문에 우리는 하나님의 자녀임을, 그 중요한 신분을 늘 잊지 말고 그리스도의 향기를 퍼뜨리는 사람들이 되어야 하겠습니다.

  금년 우리 교회 실천 표어는 작년과 변함없이 '참 빛 예수 빛으로 전하자' 입니다. 그리고 실천 주제는 '일치' '화목' '선교'입니다.

  어떤 이가 이 주제를 보고 "양정교회답다"라는 말을 했습니다. 나는 양정교회다운 것이 아니라 '그리스도인다운 것'이라고 생각했습니다. 우리 한 사람 한 사람이 가장 그리스도인다워질 때 우리 교회가 가장 양정교회다워지는 것입니다. '양정(羊井)' 이라는 말 그대로 '양의 우물'이 되게 하여야 합니다.

목자 되신 주님께서 자기 양들을 먹이시고 다스리시는 곳, 은혜와 사랑이 넘치는 곳 그것이 양정교회다운 것입니다. 이를 위하여 '일치' 즉 '한마음 한뜻'이 필수 조건입니다. 그리고 일치하지 않으면 화목이 이루어지지 않습니다.

성령님께서 금년 우리 교회에 일치한 마음을 주실 줄 믿습니다. 우리의 마음과 뜻이 일치 되게 하려고 우리는 노력해야 합니다. 모든 교우 하나하나 목회자와 교우간에 일치한 마음이 생겨야 합니다.

일치한 마음이 되면 화목이 이루어집니다.

교회는 화목이 큰 축복입니다. 그러므로 교회의 화목을 깨뜨릴 만한 일과 말들을 삼가야 합니다. 나로 인해 교회의 화목이 훼손되지 않도록 해야 합니다.

일치와 화목이 이루어지면 힘이 생깁니다.

우리는 그 힘을 가지고 선교해야 합니다. 선교는 궁극적인 교회의 지상 과업이요 교회의 존재 이유입니다. 선교의 역량은 일치와 화목에서 더 극대화되고 아름다워지는 것입니다. 그래서 우리 교회에서는 어떤 세상의 신분에 따라 사람이 평가되는 것이 아니라 그리스도인다움과 양정인다움으로 그 신분의 아름다움이 드러나는 교회가 되었으면 좋겠습니다.

(2006. 1. 15)

명령은 변동 없음

 어느 책에 이런 글이 있었습니다. "길을 모르면 물어서 가면 될 것이고 길을 잃으면 헤매면 그만이다. 중요한 것은 나의 목적지가 어디인지 늘 잊지 않는 마음이다."

 그렇습니다.

 목적은 방향을 잡아주는 역할을 합니다. 목적지가 분명한 사람은 돌아서 가든, 길을 잃어 헤매든 자신이 가야 할 방향을 잃지 않습니다. 목적이 있고 가야 할 방향이 있다면 이제 떠나야 합니다. 비 내리고 바람 불어도 집을 나서야 합니다. 차가 있다면 차를 타고 우산이 있다면 우산을 들고 아무것도 없으면 그저 비를 맞으며 가면 됩니다. 가야 할 길, 해야 할 일을 놓고 비가 오는 것을 탓하고 앉아 있는 것은 어리석은 일입니다. 내리는 비를 멈추게는 못하지만 비를 맞으며 갈 수는 있습니다.

미국 워싱턴 DC에 있는 알링턴 국립묘지의 무명용사 묘지에는 하루 24시간 위병이 지키고 있습니다. 365일 하루도 빠짐없이 매시간마다 정시에 새 위병이 와서 근무 신고를 합니다. 새 위병이 도착하면 근무를 마치고 교대되는 보초로부터 지시 사항을 전달받습니다.
그 내용은 항상 다음과 같습니다.
"명령은 변동 없음!"

예수님께서 제자들에게 주신 명령도 이와 같습니다. 예수님은 승천하시기 바로 전에 그를 따르던 무리에게 말씀하셨습니다. "예루살렘과 온 유대와 사마리아와 땅 끝까지 이르러 내 증인이 되리라."(행 1:8)라고 하셨고 또한 "그러므로 너희는 가서 모든 족속으로 제자를 삼으라."(마 28:19)고 말씀하셨습니다.

그날부터 지금까지 이곳에서 저곳으로 이 끝에서 저 끝으로, 한 세대에서 다음 세대로 예수 그리스도의 복음은 전파되어 왔습니다. 오늘을 사는 우리 역시 예수께서 하나님의 아들이라는 것과, 우리의 죗값을 치르시기 위해 돌아가신 것과, 누구든지 그를 믿기만 하면 구원을 얻는다는 것을 다른 사람에게 전해야 합니다. 예수님께서 첫 제자들을 부르시고 교회를 세우신 이래 2000년 동안 많은 것이 변했습니다. 그러나 복음을 전하라는 주님의 명령은 여전히 "변동 없음"입니다.

저는 지금 동아프리카 선교사 영성 수련회에서 "선교사의 영적 리더십"과 "선교와 교회 부흥"이라는 주제 강의를 위해 우간다에 와 있습니다. 그간 각 나라에 흩어져 각자 사역에 바쁘던 우리 교단 소속 선교사님들과 함께 모여 말씀과 기도로 새롭게 충전하는 시간을 갖고 있습니다. 아프리카는 한국에서 거리가 멀어 선교 대상 선호도에서 항상 밀려납니다. 그래서 크기와 인구 숫자에 비해 우리나라 선교사의 수가 아주 적습니다. 만났던 선교사님들마다 한결같이 아프리카를 잊지 말아 달라고 부탁하는 것을 들었습니다.

선교는 우리가 해야 할 일이고 가야 할 길입니다. 주님이 이 일을 위해 우리를 부르셨습니다. 그래서 우리는 오늘도 그 길을 가야 합니다. 비가 온다고, 바람이 분다고, 장애물이 있다고 그 길을 멈출 수는 없는 것임을 알기에….

예수님의 마지막 유언이자 최후의 대 명령인 "땅 끝까지 전하라"는 이 선교 명령은 지금도 여전히 "변동 없음"이기 때문입니다.

-우간다에서 (2006. 2. 12)

월드컵 때문에

2주간에 걸쳐서 키르기스 선교 여행과 교역자 수양회에 참가하고 돌아오는 비행기 안에서 신문을 통해 2주일 만에 국내 소식을 접하게 되었습니다.

신문에는 온통 월드컵 이야기로 가득 차 있었습니다.
독일에서 개최된 월드컵을 직접 관전하기 위해 직장에 휴가를 내고, 휴학을 하는 등 그리고 월요일 새벽에 있는 두 번째 경기인 프랑스와의 경기 시간이 이른 새벽 시간이어서 각 직장이 출근 시간을 조정한다든지 하루 휴가를 준다든지 하는 이야기들이 신문 기사로 보도되었습니다.
만나는 사람마다 어느 나라의 어떤 선수가 어떻고 어떤 나라 팀 감독이 어떻고 온통 월드컵에 집중되어 있습니다.
저 같은 사람은 평소 축구에 별로 관심이 없는 사람임에도 불구하고 덩달아 한마디 거들게 만드는 것을 보면 월드컵 축구 열기가 대단하긴 한가 봅니다. 이렇게 월드컵에 대한 국민의 대단한 관심과 열심을 보면서 우리에게 하나님과 그리스도에 대한 사랑과 교회에 관한 관심이 얼마나 될까를 생각해 보았습니다.

우리가 정말로 그리스도를 사랑하고 교회를 사랑하는 마음과 관심이 있다면 월드컵에 열성을 내는 만큼은 아니더라도 예수님의 사랑과 하나님의 은혜를 화제로 삼고 그것을 말하는 일에 주저하지 말아야 합니다. 그런데 우리의 대화 내용에 그리스도가 얼마나 거론되고 우리가 나누는 일상 대화에서 "하나님의 사랑과 구원 그리고 은혜" 등이 얼마나 주제로 떠오르는가를 말입니다.

전도는 말 그대로 도를 전하는 것입니다.
즉 구원의 복음을 사람들에게 전하여 그들도 복음을 듣고 예수 그리스도를 믿고 영접하게 하는 것이 전도입니다. 그런데 대부분 그리스도인은 전도를 꼭 해야 하고 당연히 해야 할 일이라고 생각하지만, 막상 전도하라고 하면 모두 두려워합니다.

그 이유는 무엇일까요?
복음에 관한 확실한 믿음이 없기 때문입니다. 나의 믿는 바가 확실한 진리라면 숨길 필요가 없고 감출 필요가 없습니다. 내가 예수 그리스도의 공로로 얻은 구원이 분명하고 확실하다면 다른 사람에게 전도하지 못할 이유가 없는 것입니다. 사람들에게 자신의 소견을 확실하게 나타내지 못하는 이른바 대인 공포증이 있을 때도 전도할 수 없습니다. 그리고 전도의 사명에 대한 의식이 부족해서입니다.

개인주의의 확산으로 다른 사람에게 나의 종교를 전하는 것은 개인 프라이버시 내지는 개인의 어떤 다른 권리를 침해하는 것이라는 생각이 있어서 전도하지 않습니다. 그래도 우리는 전도해야 합니다. 단지 가장 합리적이며 효과적인 방법으로 말입니다.

어떤 이발소에 손님이 들어왔습니다. 이발사는 독실한 신자로 그의 손님들에게 항상 전도하기로 결심했습니다. 이발사는 손님을 의자에 앉혀 놓은 다음 면도를 하기 위해 면도칼을 손에 들고 전도를 시작했습니다.

"손님 죽을 준비 되었습니까?"

그러자 손님은 하얗게 질린 얼굴로 후다닥 일어나 달아나 버렸습니다.

전도는 의욕만 가지고 되지 않습니다. 의욕과 열심에 효과적인 전도 방법을 알고 적용한다면 더 많은 사람에게 복음을 전하여 함께 예수 믿고 구원함에 이르게 할 수 있을 것입니다. 그래서 이번 전도 훈련 집회에 온 교우들의 적극적인 참여를 바랍니다. 전도에 관한 사명감과 열심 그리고 효과적인 전도법을 알게 되는 좋은 기회가 될 것입니다.

(2006. 6. 18)

명품 브랜드 '양정인'

　대개 재래식 시장은 서민들이 부담 없이 쇼핑할 수 있는 저가의 제품들을 많이 취급합니다. 그래서 저는 고급 백화점이나 명품을 취급하는 전문점을 이용하기보다 부담 없이 다가갈 수 있는 재래식 시장을 찾곤 합니다.

　일단은 호화로운 진열장이나 쇼윈도 같은 것이 없으니 다가가기 편해서 좋고 가격 면에서도 주머니 사정이 뻔한 서민들의 기를 팍팍 죽일 정도의 비싼 것이 별로 없기 때문입니다. 또 맘에 드는 물건이 있으면 가격을 놓고 주인과 적당히 줄다리기하며 흥정 하는 재미도 쏠쏠하기 때문입니다. 그러나 때에 따라서 시장에선 구할 수 없는 물건도 있습니다. 소위 명품이라고 일컫는 값비싼 것들입니다.

　생활 수준이 높아지고 가격보다는 물건의 질을 우선하는 소비의식이 확산되면서 명품을 찾는 사람들이 많아졌습니다. 이러한 소비자 욕구를 충족시키기 위해 기업들은 명품을 만들어내기 위해 노력합니다. '베르사체', '아르마니', '크리스챤 디올', '루이뷔통', '버버리', '프라다', '샤넬', '구찌' 등은 잘 알려진 세계적인 명품 브랜드들입니다.

이러한 명품 브랜드 제품들은 고급 백화점이나 전문점에서만 살 수 있을 뿐만 아니라 값비싼 유리 상자 속에서 자태를 뽐내며 주인을 기다리고 있습니다.

아마도 시장에서 파는 물건과는 구분이 된다는 뜻일 것입니다. 또한 명품 브랜드는 대부분이 물건을 만든 사람의 이름인 경우가 많습니다. 즉 만드는 사람이 자기 이름의 명예를 걸고 물건을 만들기 때문입니다. 처음엔 물건이 좋아서 입에서 입으로 소문이 나고 오랜 시간이 흐른 뒤에는 사람들이 이름만 들어도 명품이라고 알아보게 됩니다.

하나님은 원래 인간을 가장 순결하고 고귀한 명품으로 만드셨습니다. 그러나 타락하여 범죄 한 후 명품의 가치가 상실되어 늙고 병들고 죽는 인간의 근본적 한계를 넘을 수 없는 약점을 가진 채로 살아가고 있습니다. 즉 명품임에도 명품의 구실을 못 하는 존재로 전락하여 소위 짝퉁이 되고 만 것입니다.

구원이란 짝퉁을 다시 명품으로 회복시키는 것을 의미합니다. 그러므로 우리가 구원받은 하나님의 백성이라면 스스로 명품적 가치를 추구하고 나타내야 합니다. 명품 그리스도인들은 세상 사람들과는 다르게 살아갑니다. 더 나은 삶, 더 높은 가치를 추구하는 삶을 삽니다.

인생 자체를 가치 있는 삶으로 인식하고, 멋있고 매력 있는 삶을 살려고 힘씁니다. 명품을 사기 위해 목숨 거는 인생이 아니라 내 삶 자체를 명품으로 만드는 삶을 사는 것입니다.

고귀한 인격 고상한 품위를 지닌 삶, 저는 우리 양정교회 교우들이 이러한 영적인 명품 브랜드를 갖기를 소원하고 양정인의 '3대 정신', '3대 성품', '3대 가치'를 목회적 이념으로 추구해 왔습니다. 그래서 만들어진 브랜드가 바로 '양정인'(羊井人)입니다.

"양정인", 이 얼마나 아름답고 훌륭한 이름입니까?

어디서든 "양정인"이란 이름만으로도 사람들에게 인정받고 신뢰받을 수 있다면 그것은 명품 브랜드입니다. 양정인의 3대 정신 즉 '위하여 정신', '밀알 정신', '주라 정신'은 명품 그리스도인의 기품 있는 덕목과 품성을 만들어 냅니다. 즉 친절하고 정직하며 헌신적인 3대 성품을 창출하고 그것은 우리 교회의 3대 가치를 만들어 냅니다. 그것은 화목과 일치 그리고 선교입니다.

이러한 명품적 가치를 가지고 어디서든 필요하고 소중한 자리에 서서 나누고, 섬기고, 베풀며 그리스도의 향기를 드러내는 양정인 만의 고유한 특성을 가진 최고의 명품 브랜드 '양정인' 이것이 바로 '나' 그리고 '우리'의 '트레이드 마크' 즉 상표가 되어야 합니다.

(2006. 11.12)

기억해야 할 것

1923년 9월 1일 일본 요코하마에 관동 대지진이 발생했습니다. 20만 명이 사망하고 250만 명의 이재민이 생겼습니다. 그 때 미국은 앞장서서 구호대를 파견하고 음식과 옷 그리고 구호 약품을 공수하여 이재민을 구호하였습니다. 6개월 동안 150척의 배를 동원해서 식량과 생활필수품 등을 실어 날랐습니다.

당시 일본의 히로히토 천황은 직접 친서를 써서 당시 미국의 쿨리지(John Calvin Coolidge) 대통령에게 전달하면서 "일본 모든 국민은 미국에 정말 감사한다, 이 은혜는 영원히 잊지 못할 것이다."라고 하였습니다. 그러나 18년도 못되어 일본은 2차 대전을 일으켰습니다. 미국의 아름다운 섬 하와이를 쑥밭으로 만들었습니다. 은혜를 원수로 갚은 것입니다.

일본만 그렇습니까?

우리 인생들이 하나님께 대하여 그런 자리에 있습니다. 한없는 사랑과 은혜를 받았으면서 우리는 그 은혜를 망각하고 살고 있는 것입니다.

금이나 다이아몬드 같은 보석은 없어도 우리가 사는 데 전혀 지장이 없습니다. 그러나 물이나 공기는 아주 흔하지만 없으면 단 며칠 아니 몇 분을 견디지 못합니다. 우리가 사는 데 필요한 진짜 중요한 것들은 거의 값없이 주셨습니다.

거저 주신 것, 이것이 하나님의 은혜입니다.

우리가 거저 받는 것 중에서 가장 중요한 것이 있습니다. 그것은 인간의 죄를 용서해 주시는 하나님의 사랑입니다.

누구든지 하나님의 아들 예수 그리스도를 믿으면 모든 죄를 용서받습니다. 그리고 하나님의 자녀가 됩니다. 일찍이 이렇게 좋은 조건에 영생을 선물로 주신 적이 없습니다. 그저 믿기만 하라는 데 사람들은 믿지 않습니다.

유명한 백화점들이 1년에 몇 차례씩 할인 판매를 하는 바겐세일 행사를 합니다. 30%에서 심지어는 50%까지 깎아 준다는 광고에 수많은 사람이 몰려듭니다.

세상의 것, 그야말로 잠시 있다가 없어지고 낡아지는 세상 물건은 30-50%만 깎아 줘도 사람들이 구름 떼처럼 몰려듭니다. 그러나 천국에서 영원히 살 수 있는 하늘나라의 티켓을 깎아 주는 정도가 아니라 아예 공짜로 준대도 안 받으려는 사람들이 있습니다.

언젠가 아파트 입주 현장으로 전도 나갔던 교우들이 와서 하는 말을 들었습니다. 어떤 집을 방문하였는데 마침 이삿짐을 풀고 있어서 준비해 간 차와 음료를 권하였습니다. 그런데 차도 받지 않을뿐더러 화를 내면서 나가라고 하여 그냥 돌아왔다고 했습니다.

안타까운 것은 차를 대접하는 우리의 호의를 받지 않아서가 아닙니다. 그에게 하나님이 주시는 구원의 은혜를 받을 만한 마음이 없는 것이 안타까운 것입니다.

이사야서에 보면 소는 주인을 알고 나귀는 주인의 구유를 아는데 인생들은 하나님을 모른다는 말씀이 있습니다(사 1:3).

여러분의 주인은 누구입니까?

그리고 여러분의 밥그릇을 채우시는 분이 누구입니까? 여러분의 직장이 여러분의 밥그릇입니까? 미물인 소나 나귀도 제 주인을 아는데 만물의 영장으로 지음 받은 인간만이 주인을 모르고, 먹고사는 밥그릇이 어디에 있는지 모르니 안타까운 것입니다.

인생의 주인은 하나님이십니다. 그리고 우리의 먹는 것, 사는 것은 그분의 손에 있습니다. 바로 이것이 우리가 기억해야 할 것입니다.

(2007. 1. 28)

주는 것 없인 사랑할 수도 없습니다

오마이뉴스 기자로 활동하는 조호진 씨(48세)가 자신의 신장을 20대 청년에게 기증하면서 기록한 일기가 미디어 다음(http://issue.media.daum.net/) 감동 뉴스에 올라 있습니다. 자신이 가진 얼마간의 물질이 아닌 몸의 일부를, 그것도 죽어서가 아니고 살아서 누군가에게 아무런 대가 없이 줄 수 있다는 것은 쉬운 일이 아닐 것입니다. 그의 신장 기증으로 신부전증으로 사경을 헤매던 그 20대 청년은 새 삶을 얻게 되었습니다.

글을 읽으면서 가슴이 뭉클해졌습니다. 그리고 언젠가 우리 교회에 장기 기증 운동 본부 관계자들이 와서 장기기증 운동에 관한 설명을 할 때 "사후 시신 기증"에 서명하는 것도 한참 생각 끝에 결정했던 내 모습이 참 많이 부끄러워졌습니다.

자기 삶에 암흑 같은 어렵고 힘든 날들을 주님을 의지하고 견뎠던 기억과 하나님께서 자신에게 베푸신 은혜에 감격하여 주님의 사랑을 실천의 본으로 보여준 조호진 성도, 그는 이 시대를 사는 진정한 그리스도인이라는 생각을 했습니다. 이 땅에 사는 모든 그리스도인이 모두 다 장기를 기증할 수는 없을 것입니다. 그러나 한평생 살면서 하나님과 누군가로부터 받은 사랑과 은혜에 대하여 무엇인가 보답하는 삶을 사는 것이야말로 참된 그리스도인의 모습이 아닐까요?

하루는 돼지가 암소에게 자신의 불만을 토로했습니다.
"암소야, 너도 보다시피 내가 사람들에게 얼마나 잘해주니? 사람들은 내 고기로 햄과 베이컨을 만들어 먹잖아? 또 내 창자를 빼내 순대를 만들어 먹고 심지어는 발도 족발로 만들어 얼마나 맛있게 먹니? 그런데도 사람들은 왜 나를 싫어하고 너만 좋아할까?" 암소는 당연하다는 듯이 이렇게 말했습니다.
"너는 죽어서만 좋은 일을 하고 살아 있을 때는 네 배만 불리잖아? 그러나 나는 살아 있을 때도 사람들을 위해서 열심히 일해주고 또 맛있는 우유도 준단다. 그래서 사람들은 나를 좋아하고 너는 싫어하는 것 같아."

그렇습니다.
살아 있을 동안에 내가 가진 무엇인가를 남에게 준다는 것이야말로 참 사랑의 실천이 아닐 수 없습니다. 그런 의미에서 예수 그리스도는 자신의 삶 자체를 죄인 된 우리에게 다 주었으니 진정한 사랑입니다. 그 사랑을 입고 사는 그리스도인의 삶도 베푸는 삶이어야 합니다.

하나님이 그러셨고 예수님이 그러셨듯이 하나님을 믿고 예수 그리스도를 영접하여 영원을 보장받은 축복의 삶을 사는 사람들도 그러해야 한다는 것입니다. 우리가 가진 것들은 어차피 내가 죽으면 모두 남에게 돌아가게 될 것입니다. 죽어서 남기는 것은 별로 의미가 없습니다. 그러나 살아 있는 동안에 나의 어떤 것들을 하나님과 다른 사람들을 위해 남길 수 있다는 것은 참으로 행복하고 가치 있는 일이 아닐 수 없습니다.

에이미 카미첼(Amy Carmichael)이라는 사람은 "사랑 없이 줄 수는 있어도 주는 것 없이 사랑할 수는 없다(You can give without loving, but you cannot love without giving)."라고 했습니다. 아마도 이 말은 말과 입술만의 사랑이 아닌 실천적인 사랑을 말하는 것일 것입니다. 예수님께서는 "네 보물이 있는 곳에 마음도 있다."(마 6:21)라고 하셨습니다. 보물 즉 나의 가장 소중한 것이 가는 그곳에 마음 즉 사랑도 가는 것입니다.

사랑하면 무엇이든지 주고 싶고, 나누고 드릴 때 그 사랑이 더욱 풍성해지는 것이 아닐까요?
시간도 물질도 몸도 마음도 아주 작은 어떤 것이라도 말입니다.

(2007. 6. 17)

좋은 교회

사람은 말을 하는 존재입니다. 말을 통해서 자신의 감정이나 의사를 전달하고 표현합니다. 인간에게 말이 없다면 어떤 세상이 될까요? 그런데 말의 양에 있어서 여성과 남성이 차이가 있다고 합니다. 여성이 하루에 다른 사람과 대화하는 데 사용하는 단어의 양은 약 3만 단어 정도인 반면 남성들은 2만 5천 단어 정도라고 합니다. 그뿐만 아니라 남자의 성대는 여자보다 그 길이가 3배 정도 더 길기 때문에 여자보다 말을 할 때 더 많은 에너지와 노력이 필요하다는 것입니다. 신체 구조상 여자가 말을 잘하고 많이 할 수 있도록 만들어졌다는 것입니다.

어떤 글에서, 예수님이 왜 부활하자마자 다른 제자들을 다 제쳐두고 여인들에게 먼저 나타나셨을까? 하는 문제를 해학적으로 설명한 것을 읽었습니다. 그 이유는 아마도 예수님도 여자들의 입이 가볍다는 것을 아셨기 때문일 것이라는 것입니다. 부활의 소식을 빨리 전해야 하는데 그것을 누구의 입을 빌리는 것이 가장 효과적일지를 아셨다는 것입니다. 이 이야기는 물론 유머지만 나름대로 일리가 있다고 생각합니다.

부활의 소식은 빨리 그리고 온 세상에 전파되어야 합니다. 입에서 입으로 예수님 부활의 소식을 전해야 합니다. 그런데 사람들은 예수님이 부활하셨다는 소식을 전해도 믿지 않습니다. 그래서 우리는 우리의 삶에서 예수님이 부활하셨다는 증거를 보여줘야 합니다. 이 시대에 무엇으로 예수님이 부활했다는 것을 증거할 수 있을까요?

철학적으로 역사적 논증법이나 사회학적 논증 그리고 도덕적 논증 같은 복잡한 논리적 증명 이론을 말할 수 있지만 그 모든 것보다 확실한 부활의 증거는 우리 자신들에게 있습니다. 예수 부활을 믿는 우리가 부활을 나타내야 한다는 것입니다. 그것은 예수님이 십자가에 죽으시면서 실천해주신 십자가의 여섯 가지 원리(道)를 실천하는 것입니다.

낮아져야 높아지는 원리, 섬겨야 섬김받는 원리, 베풀어야 받는 원리, 포기해야 누리는 원리, 져주어야 이기는 원리, 죽어야 사는 원리입니다. 양정인은 주님이 걸어가신 십자가의 원리를 따라 살아가야 합니다. 아직 불완전하고 부족하고 미숙하기 짝이 없어서 늘 부끄럽지만 그래도 우리의 삶 속에서 십자가의 원리를 따라 살려고 몸부림치는 사람들이 모여 있는 곳이 양정교회입니다.

주공 1차 아파트 입구에서 어떤 분이 지나가는 사람들에게 초콜릿을 하나씩 나눠주며 "양정교회 가세요. 참 좋은 교회에요."라고 하며 우리 교회 이야기를 하며 전도하는 것을 보고 우리 교회 어느 집사님 한 분이 그에게 양정교회 교인이냐고 물었습니다. 그랬더니 뜻밖에 자기는 양정교회 교인은 아니고 모 교회에 출석하는데 양정교회가 좋아서 그리한다고 하더랍니다. 그 이야기를 내게 들려주신 집사님이나 그 이야기를 듣는 저나 기분이 참 좋았습니다.

저는 우리 교회를 그렇게 홍보해 주시는 그분이 누군지는 모르지만 참 고맙다고 생각했습니다. 그런데 사실은 교회를 홍보하는 것이 아니라 예수님을 홍보하는 것입니다. 왜냐하면 우리를 우리 되게 하신 분이 주님이시기 때문이며 그분이 볼 때 우리 교회에 훌륭한 면 좋은 점이 있었다면 그것은 100% 예수님에게서 나온 것이기 때문입니다.

교회는 예수 그리스도의 죽음과 부활을 근거로 세워진 영적 공동체입니다. 그렇기 때문에 교회의 주인은 예수님이고 교회는 그분의 뜻을 이 세상에 실천하기 위해 세워진 것입니다. 좋은 교회라는 기준은 상당히 주관적이어서 사람에 따라 달리 생각할 수도 있습니다. 그렇습니다. 결국 좋은 교회라는 것은 예수님의 뜻과 예수님의 모습을 잘 나타내면 좋은 교회입니다. 참 빛 예수 빛으로 전하는 양정인이 됩시다.

(2008. 3. 30)

차든지 뜨겁든지

우리가 매일 마시는 물도 온도에 따라 맛이 달라진다고 합니다. 수돗물이나 약수터 물의 경우 섭씨 13도일 때가 가장 맛있습니다. 지금은 아깝게도 사라진 풍경이지만 옛날 우리 조상들이 식후에 즐겨 마시던 숭늉 온도는 섭씨 70도일 때 가장 맛이 있다고 합니다. 우리가 매일 한 두 잔씩 마시는 커피는 63-64도에서 가장 좋은 맛을 느끼게 해준답니다. 반대로 물이 가장 맛없는 온도는 35도에서 40도 사이입니다. 사람의 체온이 37도 정도이기 때문에 이 온도는 차지도 않고 덥지도 않은 미지근한 온도입니다. 미지근한 온도가 가장 맛없는 온도입니다.

주후 1세기경 예수님의 제자였던 사도 요한은 라오디게아 교회를 향하여 성령의 감동에 찬 음성을 전하고 있습니다. 그것은 라오디게아 교회의 신앙이 차지도 뜨겁지도 않아서 토하여 버리겠다는 것입니다(계 3:16). 차지도 뜨겁지도 않다는 것은 식어버린 열정을 말하는 것입니다.

우리가 딛고 서 있는 지구 한가운데 땅속에는 수천 도의 용암이 부글부글 끓고 있습니다. 어떤 이유로 압력을 받게 되면 약한 지표면을 뚫고 분출하는 것이 화산 폭발입니다. 화산이 폭발하면 어마어마한 양의 용암이 뿜어져 나오고 용암이 흘러내리는 곳은 불바다가 됩니다. 나무도 풀도 다 불타고 심지어 용암이 덮치면 한 도시도 폐허가 되어버립니다. 그러나 용암이 일단 식어버리면 더 이상 위협적이지 않습니다. 그냥 화석처럼 굳어있을 뿐입니다.

오늘날 주님은 이렇게 화석처럼 굳어버린 수많은 그리스도인을 보고 있습니다. 더 이상 주님을 향하여 불태울 열정이 없어서 싸늘하게 식은 맛없는 모습, 힘없는 모습이 되어 형식적으로 교회만 왔다 갔다 하는 그리스도인들을 말입니다. 아니 그들이 처음부터 진정한 그리스도의 사람들이었는지조차 확신할 수 없는 상황이라면 정말 심각한 문제가 아닐 수 없습니다.

한국 땅에 기독교인들이 천만 명이라고 하지만 천만 명의 힘이 왜 이렇게 미약한지요? 세상을 향하여 그리스도인으로서의 선한 영향력을 행사하기보다 오히려 세속의 영향력에 물들어 버렸습니다. 이 시대에 예수 믿는 우리의 가슴속에서 예수님의 정신과 예수님의 마음을 찾아볼 수 있습니까?

원수까지 사랑하라고 하신 예수님의 십자가 정신이 다 식어졌습니다. 십자가의 은혜로 구원받았다고 믿는 신자는 많지만 자신을 구원해 주신 그리스도의 복음을 위하여 뜨거운 열정을 가진 사람들은 많지 않습니다. 멋지고 폼 나게 예수 믿는 신자는 많아도 이웃과 주님을 위해 자신을 희생하고 궂은일, 힘든 일, 감당하며 십자가 지고 예수님을 따르려고 하는 진정한 예수님의 제자들은 희귀한 세상이 되었습니다.

어떤 책에 보니까 미국 사람들은 70%가 스스로 자신을 기독교인이라고 생각한다고 합니다. 그런데 그들에게 "교회 좀 나오라"라고 하면 "No Kidding" 즉 "농담하지 마."하면서 교회에 나오지 않습니다. 그들이 왜 스스로 기독교인이라고 하면서도 교회에 나오지 않는지 그 이유가 무엇인지 조사해 봤더니 "예배 시간에 졸지 않고 앉아 있을 자신이 없어서"라고 답했다는 것입니다.

신경 써서 예배에 집중하기 싫다는 것입니다. 집에서 신문을 읽고 텔레비전 오락 프로나 드라마 또는 영화 보는 데에는 몇 시간씩 집중할 수 있어도 교회에서 예배드리는 한 시간은 집중할 수 없다는 것입니다. 바쁘고 피곤해서 교회 못 나간다고 하는 사람들이 낚시나 골프, 등산을 위해서는 새벽 4시에라도 일어나서 움직입니다. 그러면서도 모두 천국 가길 희망했다고 합니다.

이런 현상은 미국인들만의 문제가 아닙니다. 오늘 우리의 문제입니다. 열심을 냅시다. 이렇게 차지도 뜨겁지도 않다가 주님에게 어떤 책망을 들을지 겁나지 않습니까?

(2009. 10. 11)

주님을 따른다고 하는 것

예루살렘에 '비아 돌로로사(Via Dolorosa)'라고 하는 길이 있습니다. 그 길은 전통적으로 슬픔의 길이라고 불리고 있습니다. 예수께서 빌라도 법정에서 사형 선고를 받으시고 처형 장소인 골고다 언덕까지 십자가를 지시고 걸어가신 길이기 때문입니다.

주님이 걸어가셨던 그 길은 넓고 평탄한 길이 아니었습니다. 학자들의 견해에 의하면 나무 십자가가 세로 4m 가로 2m의 크기로 계산할 때 약 30관 즉 112.5kg 정도의 무게가 나갈 것이라고 합니다. 이렇게 무거운 십자가를 지시고 쓰러지고 넘어지시면서 골고다 언덕길을 올라가셨습니다. 로마 군병의 무지막지한 주먹손에 사정없이 눌러 박힌 가시로부터 흐르는 핏방울은 주님의 온몸을 피로 물들였고, 열기 나는 먼짓길을 걸어가시는 주님의 발자국마다 점점이 떨어져 핏자국을 이루었습니다.

채찍 맞아 상하고 찢긴 몸, 지칠 대로 지친 주님은 내리쬐는 뙤약볕이

메마른 대지를 달군 어느 고난의 날에 '비아 돌로로사'의 길을 그렇게 걸어가셨습니다. 죽기까지 따르겠다고 약속했던 제자들은 다 어디로 가고 주님 홀로 그 길을 가시는지 그래도 구레네 시몬이 있었기에 주님의 고통이 조금이라도 덜했을까요?

고난 절기가 되면 전 세계에서 많은 그리스도인이 '비아 돌로로사'의 길을 찾아와 주님의 고난을 생각하면서 걷습니다. 주님의 고난을 이해하고 동참한다는 의미에서 말입니다. 그러나 예루살렘 '비아 돌로로사'의 길을 찾아 순례하지 않아도 얼마든지 주님의 고난에 참여할 수 있는 길이 있습니다. 그것은 주님께서 우리에게 위탁하신 일들을 감당하는 것입니다.

어느 날 주님께서 마지막 심판 날에 있을 상황에 관한 말씀을 하셨습니다. 심판대 앞 왼쪽에 서 있는 많은 사람에게 "내가 주릴 때에 너희가 먹을 것을 주지 아니하였고 목마를 때에 마시게 하지 아니하였고"(마 25:42)라고 말씀하셨습니다. 그랬더니 왼편에 있는 자들이 말했습니다. "우리가 언제 주님을 만났습니까? 언제 주님이 우리에게 배고픈 모습으로 오셨었나요? 언제 목마르신 모습으로 우리에게 나타나셨나요? 만일 그랬다면 우리가 왜 주님을 공경하지 아니했겠습니까?"
항변하는 그들에게 주님은 이렇게 말했습니다. "내가 진실로 너희에게 이르노니 이 지극히 작은 자 하나에게 하지 아니한 것이 곧 내게 하지 아니한 것이니라."(마 25:45)라고 말입니다.

그렇습니다.

우리가 주님을 공경하는 일을 멀리에서 찾지 말고 내 삶의 주변에서 찾아야 합니다. 오늘 내가 먹는 음식이 맛없다고 투덜거릴 때, 그 맛없는 것조차 먹을 수 없는 가난한 우리의 이웃들이 있다는 것을 기억해야 합니다. 내가 평안히 먹고, 잠들며, 다시 일어날 때도 못 고칠 질병으로 다시 일어나지 못한다는 사실에 몸부림치며 절망하고 있는 사람이 있다는 사실을 기억해야 합니다. 주님은 그들을 기억하고 그들에게 베푸는 것을 주님께 드리는 것이라고 하셨기 때문입니다.

지난 주에 실시했던 사랑 헌금에 많은 분들이 참여해 주셨습니다. 이미 아이티 지진 재난 구호 헌금을 실시한 터라 조금 걱정은 되었습니다. 그런데도 아이티 구호헌금(7,500,000원)보다 두 배나 더 헌금을 해주셨습니다. 모인 교우들의 정성은 고혈압으로 쓰러진 시골의 작은 마을에 있는 복다교회 사모님의 치료비로 전달되고 전기와 누전으로 화재가 발생하여 어려움을 겪는 개척교회인 풍성한 교회 성도들을 위로하고 격려하는 일에 쓰일 것입니다. 선지자의 이름으로 선지자를 영접하는 자는 선지자의 상을 받을 것이라고 하신 주님께서 갚으실 줄 믿습니다. 이 한 주간, 우리의 삶이 진정 주님을 따르는 삶이 되기를 소원합시다.

(2010. 3. 28)

그리스도의 편지

 일본에서 그리스도를 믿는 한 여인이 자기 집에 작은 구멍가게를 차렸습니다. 그는 정직하고 항상 친절했습니다. 마을 사람들은 친절하고 정직한 이 여인이 운영하는 가게로 몰려들었습니다.
 어느 날 여인의 남편이 말했습니다.
 "여보! 길 건너에 있는 가게는 손님들이 찾지 않아 문을 닫게 되었다는 구려."
 그날부터 여인은 자기 가게로 찾아와 물건을 사려는 손님들에게 말했습니다.
 "손님! 찾으시는 그 물건은 저희 가게에는 없습니다. 그런데 저기 길 건너편 가게에는 있습니다."
 여인은 그렇게 자기 가게에 온 손님들을 길 건너편에 있는 가게로 보냈습니다. 그 결과 장사가 안되어 문을 닫으려던 그 가게는 문을 닫지 않아도 되었습니다. 자신만이 아니라 남도 잘 되어야 한다는 것이 그녀의 생각이었습니다.

이 여인이 바로 유명한 소설 『빙점』을 쓴 일본의 미우라 아야꼬 여사입니다. 미우라 아야꼬는 1964년 일본 아사히신문 창립 85주년 기념 1천만 엔 소설 공모에서 응모작 731편 중 쟁쟁한 문인들의 작품을 물리치고 자신의 작품 「빙점」이 1등으로 당선된 후 당선 소감을 묻는 기자들에게 다음과 같이 말했습니다.

"소설 쓰는 것을 통해 전도하고 싶다. 입선되지 않아도 심사하는 선생님들은 읽어 주실 것이니, 그 선생님들에게 만이라도 전도가 된다고 생각했다."

그는 삶 속에서뿐 아니라 그의 소설을 통해서도 그리스도의 사랑을 전하기를 원하였습니다. 빙점(氷點)이란 물이 어는 온도를 말합니다. 차갑게 얼어붙은 사람들의 마음의 빙점을 녹일 수 있는 것이 무엇일까요?

그것은 그리스도의 사랑입니다.

교회에 다니는, 아니 예수님을 믿는 사람들의 삶은 차갑게 얼어붙은 사람들의 마음의 빙점을 녹일 수 있는 사랑을 나타내는 삶을 살아야 합니다.

예수님을 마음에 모신 사람들이 예수님의 마음과 사랑을 나타내지 못하기 때문에 교회가 세상 사람들에게 욕을 먹고, 사람들이 교회를 외면합니다.

우리나라 초기의 부흥사였던 이성봉 목사님은 6. 25 때 목포에서 부흥회를 인도하다가 공산당원들에게 붙잡혔습니다. 심한 고문과 조롱과 핍박이 그에게 가해졌습니다. 한 공산당원이 천국을 당장 보이라고 협박했습니다. 그때 이성봉 목사님은 다음과 같이 말했습니다.

"천국 본점이야 내 소관이 아니니까 보여 드릴 수 없고 지점은 보여 드릴 수 있소. 내 마음을 들여다보시오. 내 마음이 바로 천국이요."

그렇습니다.

예수님을 진정 자신의 구주로 영접하고 마음에 모신 사람들의 마음에는 천국 지점이 설치됩니다.

폴 길버트는 "당신이 하는 행동으로 당신이 하는 말로써 당신은 매매일 한 장의 '복음'을 쓴다. 믿음이 없는 사람이나 있는 사람이나 사람들은 당신이 쓰는 것을 읽는다. 당신이 기록하는 복음은 어떤 것인가?"라고 말했습니다.

바울은 교회에 다니는 모든 그리스도인을 향해 "그리스도의 편지"(고후 3:3)라고 했습니다. 교회 밖의 사람들은 교회 다니는 사람들에게서 예수님의 얼굴 보기를 바라고 있습니다. 그들에게 우리는 언행심사(言行心思)를 통해 예수님의 마음과 모습을 보여야 합니다. 그것이 그리스도인의 삶입니다.

(2010. 7. 4)

우리 교회의 표어

　18차 선교 바자회를 주님의 은혜로 잘 마쳤습니다. 이틀 동안 너무나도 좋은 날씨에 모두 기쁜 마음으로 일했습니다. 언제나 그랬던 것처럼 전 교우들이 화목하고 일치된 마음으로 참여하여 그 어느 때보다 알차고 질서 있고 행복하였습니다. 방문객의 숫자도 예전보다 훨씬 많아서 식사 때에는 조금 과장하면 발 디딜 틈이 없을 정도였습니다. 모두 애썼습니다. 수고했습니다. 주님을 위한 수고에 동참한 모든 이들에게 주님의 위로와 축복이 넘치게 임하시기를 축복합니다.

　우리 교회의 영구한 표어는 "참 빛 예수 빛으로 전하자"입니다. 예수님은 참 빛이십니다. 참 빛이신 예수 그리스도는 어두운 세상에 오셨습니다. 성도들은 그 빛을 받은 사람들입니다. 당연히 참 빛이신 예수 그리스도를 세상에 나타내야 합니다. 그러나 지금까지 세상에 대하여 빛을 나타내기보다는 어둠의 일들을 더 나타내었습니다. 그래서 교회가 불신자들에게 칭송 받는 것이 아니라 비난과 조소의 대상이 되는 안타까운 현실입니다.

빛이 어둠에 정복되어 아무런 가치를 발하지 못하고 있는 것입니다. 젊은이들이 교회를 떠나고 세상 사람들은 교회와 교회 사람들이 전하는 복음에도 귀를 기울이지 않습니다. 그들은 예수 믿는 우리에게서 예수의 모습을 보고 싶어 하는데 우리는 예수의 모습이 아닌 어둠의 일들만 나타냈습니다. 예수 그리스도는 좋은데 예수 믿는 사람들이 싫어서 교회에 못 오겠다고 하는 사람들의 말에 귀를 기울여야 합니다. 그리고 어두운 세상에 주님이 비추신 참 빛을 드러내어야 합니다. 참 빛을 드러내려면 빛의 성질을 이해해야 합니다.

첫째로 빛에는 따뜻함이 있습니다. 빛이 가진 이 따뜻함은 모든 그리스도인이 가져야 할 친절성을 말합니다. 누구에게나 밝은 미소를 가지고 웃는 낯은 어둠을 몰아내는 밝음이 될 것입니다. 누구에게나 친절을 베풀면 우리의 얼굴에서 예수님의 빛이 나타날 것입니다.

둘째로 빛은 곧게 나가는 성질이 있습니다. 빛의 곧게 나가는 성질은 그리스도인들이 지녀야 할 올곧음 즉 정직성을 의미합니다. 아무리 세상에 거짓이 만연하여도 그리스도인들만은 정직하여야 합니다. 정직한 사람이 손해를 봐도 하나님은 그 마음에 정직함이 있는 사람을 기뻐하시기 때문입니다. 그리스도인들이 정직하지 못하면 하나님의 능력이 나타나지 않습니다.

셋째로 빛에는 헌신이 들어 있습니다. 어떤 빛이든 무엇인가 타서 헌신하지 않고서는 만들어지지 않기 때문입니다. 자기를 불살라 빛을 발하는 하나의 촛불처럼 그리스도인들은 희생성을 소유해야 합니다. 이웃을 위해서 나라와 민족 그리고 복음 전파와 교회의 부흥을 위해서 기꺼이 자기를 불살라 태울 수 있어야 합니다.

 이 땅의 모든 기독교인이 빛의 성질인 친절성, 정직성과 희생성을 가지고 산다면 거기서 그리스도의 빛이 드러날 것입니다. 이것이 우리 교회의 신앙훈련 목표입니다. 그래서 불신자들도 칭찬하는 교회, 하나님이 인정하시는 교회를 만들어 봅시다.

 내게는 주님께서 주신 확실한 비전이 있습니다. 주님께서 반드시 이루게 하실 것입니다. 나는 우리 양정(羊井)의 식구들을 믿습니다. 주님이 나를 믿어주신 것처럼 말입니다. 그리고 주님께서 나를 사랑하신 것처럼 나도 내게 맡기신 양떼들을 사랑합니다. 비전을 이루기 위해 주님이 주신 동역자들이기 때문입니다.

 여러분이 없이는 나의 목회도 없습니다. 여러분이 바로 나의 비전이며 나의 축복입니다. 이제 힘을 합해 세상에 대하여 예수님의 참 빛을 나타내는 빛이 되어 봅시다. 예수님이 생각하시는 대로 생각하고 예수님이 느끼는 대로 느껴봅시다. 그래서 성경에서 말하는 본래의 모습을 우리가 가져봅시다. 선교와 부흥에 있어서 모든 교회들의 모델이 되는 그런 교회를 말입니다.

(2010. 10. 24)

케냐_투루카나족(Turkana)

· 케냐_투루카나족(Turkana)

제3부

선교사
선교지 이야기

· 에티오피아 _ 랄리벨라(Lalibela) · 암굴교회 앞에서 만난 소녀

미얀마에서 온 편지

  흔히 쿤사 지역이라고 잘 알려진 미얀마 북부의 국경지대인 라쇼에 우리 교회가 지원하여 세운 영생 학교에서 편지가 왔습니다.

  영생 학교는 1995년도에 학교 부지를 몰래 들어가서 보고 돌아와 우리 교회가 1,500만 원을 지원하여 세운 학교입니다. 당시 설계도에 의하면 교실 12개를 갖춘 규모의 학교입니다. 건축을 완공했다는 소식을 듣고 1996년 12월에 그곳을 방문하기 위해 그 지역에 들어갔다가 미얀마 경찰에게 들키는 바람에 쫓겨나서 보지 못하고 돌아와야 했었습니다.

  그 후 연락이 두절되어 지내던 중 2000년 2월에 선교위원회에서 김연수 집사님을 파견하였습니다. 김 집사님이 중국 국경을 넘어 미얀마의 라쇼에 가서 영생학교 장명주 목사를 찾았으나 연락이 잘 안되어 만나지 못하고 돌아왔는데 나중에 그 소식을 들은 장 목사님이 편지를 보낸 것입니다. 다음은 장명주 목사님이 보낸 편지의 일부를 번역하여 소개합니다.

"오랫동안 목사님께 편지를 쓰지 못해서 정말로 부끄럽고 미안하다는 말을 전합니다. 그동안 저는 목사님이 우리를 잊으신 줄 생각했습니다. 그런데 올해 설날 기간에 목사님이 다른 한 분(김연수 집사)을 이곳에 보내신 것을 알게 되었습니다. 그 분은 라쇼에 있는 華人교회(중국인 교회)에는 방문하셨는데 저희 영생 학교에는 오지 못하셨습니다. 그래서 일주일 후에서야 그분이 저를 찾았다는 것을 알게 되었습니다.(생략)

아직 저희를 잊지 않았다면 이곳에 오셔서 목사님과 성도들이 지원하여 세운 학교가 얼마나 잘 건축되었는지, 학생들은 어떤 아이들인지 보시기 바랍니다.

현재 275명의 학생과 10명의 교사가 있으며 지난 4년 동안 70여 명의 어린 학생들이 예수를 믿었고, 그중에 8명이 주의 종으로 헌신하였습니다.

과정은 초등학교에서 중학교까지입니다. 교실과 운동장과 담장은 이미 완성되었으며, 지금은 학생 기숙사를 건축하기 위해 준비하고 있습니다.

우리는 학교를 운영하는데 매월 13만 짜트(미얀마 화폐단위로 원화 약 52만 원)를 지출하는데 소득은 5만 짜트에 불과하며, 매월 8만 짜트가 부족합니다. 그러나 우리가 확실하게 믿는 것은 이 학교는 기도하는 가운데 분명한 확신 속에서 세웠기 때문에 하나님의 은혜가 우리에게 족하게 역사하실 줄 믿고 있습니다.

한 번 더 부탁하지만 한번 방문해 주시기 바랍니다.

지금은 검문소(영생 학교가 있는 지역은 출입 금지 지역으로 외국인이 출입할 수 없도록 검문하는 곳 / 역자 주)가 과거와 같이 엄하지 않고 외국인들도 다소 출입이 가능합니다.

목사님을 한번 뵙기를 원합니다.

저는 중국 국경을 넘어 들어가서 세례를 주고 저들을 훈련합니다. 그곳에는 많은 사명자가 있습니다.

저는 목사님의 도움에 대한 보답으로 더욱 많은 사람을 주님께 인도하기를 원합니다. 목숨을 다하여 복음을 전하겠습니다.

이곳에는 거대한 땅의 사역지가 있습니다. 다시 한번 오셔서 주님께서 어떻게 인도하시는지 살펴보시기를 바랍니다. 영적인 사람만이 영적인 일을 분별할 수 있습니다. 우리를 위한 기도를 잊지 마시기를 바랍니다. 기도는 우리에게 가장 큰 지원입니다. 감사합니다."

저는 이 편지를 받고 새로운 감회와 마음이 흥분됨을 느꼈습니다. 당시 우리 성도들의 눈물 어린 정성으로 모아 보내진 선교비가 미얀마의 국경지대에서 학교가 되어 우리를 대신하여 복음을 전하고 있다는 사실에 대하여 말입니다.

저는 우리 교회가 유람선이 아닌 구조선이 되게 하고 싶습니다. 죄악의 파도를 헤치고 나가 수많은 영혼을 건져내는 구원선 말입니다. 그것이 주님의 뜻이고 우리에게 주신 마지막 부탁이며 명령이기 때문입니다.

편지의 끝부분에 장명주 목사님이 "기도는 우리에게 가장 큰 지원입니다."라고 한 것처럼 양정의 모든 식구는 양정 선교 비전을 위해 뜨겁게 기도하며 모두의 힘을 모아야 하겠습니다.

(2000. 5. 28)

미 션

　지난주 금요일 밤에 아프리카 세네갈에 선교하러 떠날 유재동 목사님이 찾아왔었습니다.
　92%가 회교도이고 82%의 국민이 글을 모르며 배고픈 어린이들이 깡통을 차고 서글픈 눈망울로 몰려다니고 길가에는 에이즈, 문둥병, 행려병자들로 가득한 아프리카 검은 땅의 한 모퉁이에 있는 '세네갈'이라고 하는 나라로 간다는 것입니다.

　세상에서 천대받고 굶주리고 가난하게 사는 것도 서러운데 온갖 미신과 이교도들에게 미혹되어 지옥으로 끌려가는 그 영혼들을 향해 끓어오르는 가련한 마음 가눌 길 없어 오십을 바라보는 나이에 모든 것 다 주께 맡긴 채 선교사로 나선 것입니다.
　고등학교 일 학년 되는 아들은 순천 매산 고등학교 기숙사에 남겨놓고, 중학교 올라가는 막내와 사모님 그렇게 셋이 오라는 사람 없지만 주께서 '가라' 하시기에 일어선 것입니다.

 막상 사명의 땅으로 가는 비행기 표를 살 돈조차 없지만, 혹시 하나님이 붙여주는 동역자가 어디에 있을까 하여 기도하다가 밤중에 저를 찾아온 것입니다.

 저는 선교사님이 부럽다고 했습니다.

 모든 염려 다 주님께 맡기는 믿음이 부럽고, 오직 주님만 바라고 훌훌 털고 주님의 명령에 순종하는 용기가 부러웠습니다.

 사모님이 중학교 교사였고 목사님도 단국대학교 기계 공학과를 나왔기에 목회가 안 되면 최소한 먹고살기에 걱정 없는 실력과 환경이 있음에도 오직 주님의 부르심 때문에 현지로 가는 그 목사님의 모습에서 헌신이라는 말의 의미를 찾을 수 있을 것 같았습니다.

 우리가 이 땅에서 하나님을 섬긴다고 말하면서 하나님을 위해 무엇을 할 수 있습니까? 어린아이가 어렸을 때는 부모를 의존하여 살아갑니다.

 앉고 일어서고 먹고 잠자는 것까지 엄마 아빠가 없으면 살 수 없습니다. 그러나 아이가 장성하면 이제는 부모에게 용돈을 드립니다. 부모가 늙으면 장성한 자식은 부모의 보호자가 됩니다. 그리고 정성스럽게 효도를 다합니다.

 여러분 오늘 우리는 무엇을 해야 할까요?

 여전히 똥 싸놓고 뭉개고 앉아서 '엄마'를 부르는 어린아이처럼 자신의 작은 문제에만 하나님을 부르는 어린아이 신자가 되렵니까?

아니면 세상을 사랑하시는 우리 주님의 문제를 내 문제로 알고 하나님께 자신을 바치는 도구가 되렵니까? 주의 일에 즐거이 헌신하는 백성이 많이 나와야 합니다.

우리가 할 일은 많이 있습니다.

우리가 사는 지역에서 모든 사람에게 칭찬 듣는 교회를 만들어야 합니다. 예수의 빛을 발하는 교회 말입니다. 주님을 기쁘시게 하는 교회가 되어야 합니다. 그러기 위해 우리가 헌신하지 않고는 아무것도 할 수 없습니다.

지난주에는 우리 교회에서 심령 부흥회가 있었습니다.

뜨겁게 부르는 찬양과 간절한 기도, 그리고 하나님의 말씀을 통하여 큰 은혜를 받았습니다. 성도들이 적극적으로 참여하고 은혜 받고 풍성한 헌금들을 해주셨기에 강사 사례비 및 기타 모든 경비를 제외하고 310만 원의 잔액이 남았습니다.

그 남은 헌금을 재정 수입으로 잡을 수도 있지만 아프리카 세네갈로 떠나는 유재동 선교사님 가족에게 비행기 표를 사서 드리기로 했습니다. 물론 부족한 130만 원은 채워서 말입니다.

짐을 부쳐놓고 세 식구의 비행기 표를 사지 못하여 기도하고 있는 선교사님에게 위로와 힘이 되었으면 좋겠습니다. 그가 가서 이루실 하나님의 역사를 바라보며 그 역사에 동참하게 하심을 감사합니다.

(2001. 3. 4)

선교 정탐 여행을 마치고

주님의 은혜로 11박 12일간의 선교지 정탐 여행을 무사히 마치고 돌아왔습니다. 그동안 기도와 헌금으로 협력해 주신 모든 성도님에게 감사드립니다.

중국 윈난남성의 수도인 쿤밍시를 방문하여 그곳에서 활동하고 있는 선교사님들을 만나서 현지의 사정과 현황을 들었고 태국 북부의 치앙마이, 치앙라이 지역을 방문하여 산족과 소수 민족 선교에 대한 여러 가지 정보를 얻었습니다.

그리고 방콕 시내에 있는 태국인 교회 산티팝 교회에서 주일 예배를 드리면서 태국 내 도시 선교의 중요성도 알게 되었습니다.

우리 교회가 지원하여 건립한 미얀마 북부의 라쇼에 있는 영생 학교에 갔을 때는 교장인 장명주 목사님과 300여 명의 학생들로부터 과분한 환영을 받기도 하였습니다.

이번의 여행은 사역을 위함이 아니고 정탐을 위한 여행이었기 때문에 짧은 시간에 많은 곳을 돌아보며 많은 선교사님과 현지인들을 만났습니다. 비행기를 열 번이나 갈아탔고 3시간 이상 차를 타는 여행을 세 번 했고 두 번은 8시간 이상 차를 타고 여행했습니다.

특히 미얀마 북부에 있는 영생 학교로 가는 길은 8시간 30분이나 걸렸습니다. 우리나라의 비포장도로와 다름없이 험하였고 타고 가는 차량은 그곳에서는 좋은 차로 여길 수 있는 것이었지만 우리나라에서는 폐차장에서나 볼 수 있는 낡은 차였기 때문에 실제로 느껴지는 여행의 피로감은 훨씬 더 크게 다가왔습니다.

음식은 동남아 사람들이 즐기는 특이한 향 때문에 우리에게는 맞지 않고 특히 위생 상태를 믿을 수 없어 언제나 꺼림칙한 상황에서 먹을 수밖에 없었지만 언제나 맛있게 먹었고 우리의 생활 수준보다 훨씬 열악한 환경에서 살아가는 사람들의 모습을 보며, 그리고 그러한 생활환경에서 살면서 사역하는 선교사님들을 생각하며 감사했습니다. 우스갯소리로 "먹는 것이 선교다." "기다리는 것이 선교다." "이곳에 와서 사는 것만도 선교다."라는 명언들을 만들어 내며 즐겁게 여행하였습니다.

회계를 맡은 양 장로님은 여행경비를 절약하자며 어찌나 짠지(?) 초콜릿 한 번 사 먹자고 아마 열 번은 졸랐을 것입니다. 세 나라를 넘나드는 환율 차이를 우리 돈의 가치로 1원도 틀리지 않게 정확하게 계산하여

'계산의 대가'라는 명성을 얻었습니다.

　유병조 집사님은 방송 실장답게 비디오카메라로 곳곳을 촬영하느라고 자신의 얼굴은 카메라에 찍히지 않았지만, 뒤에서 숨어 일하는 주인공이 되었습니다. 비디오 화면의 뒤쪽에 유 집사님의 수고가 숨어있습니다.

　박순근 집사님은 우리 일행의 건강과 먹는 것을 챙기는 책임을 맡았습니다. 구급약과 고추장, 라면 등을 가지고 갔는데 정작 가서는 "먹는 것이 선교다."라고 말하며 현지 음식 적응하라고 잘 내놓지 않아 라면과 고추장, 김 등이 남아 최정자 선교사님에게 다 드리고 왔습니다.

　이번 여행은 이응윤 선교사를 어느 지역으로 파송할 것인가 하는 숙제를 가지고 갔었는데 결론은 태국 북부의 치앙마이 지역이 앞으로 우리 교회가 계획하는 선교의 전략을 실천하는데 가장 유력한 후보 지역이라는 결론을 내렸습니다.

　비록 이 선교사가 태국어를 더 배워야 한다는 부담이 있긴 하지만 현지의 상황이 이 선교사가 태국어를 배우면 중국어와 함께 "달리는 말이 날개를 얻은 것"과 같겠다는 결론을 얻었기 때문입니다.

　이번에 분명히 보고 다시 한번 확인한 사실은 사람을 키워야 한다는 것입니다. 영생 학교의 어린이들을 보며 그들에게 복음을 전하고 10년만 기다리면 그들이 어른이 되어 그 사회가 그들에 의해 움직여질 때 진정한 선교가 이루어지겠다고 생각 했습니다.

사람을 키우고 사람을 세우는 일이야말로 주님이 하셨던 목회와 선교의 전략이기 때문입니다.

(2001. 3. 18)

베트남에 다녀와서

주님의 은혜로 베트남에 무사히 다녀와서 이 글을 씁니다.

2001년 7월 23일부터 3박 4일의 일정으로 여섯 곳의 현지인 교회 및 기술학교와 유치원을 방문하고 선교의 비전들을 세우는 기회를 가졌습니다.

베트남은 우리에게 월남으로 잘 알려진 나라입니다.

정식 국호는 "베트남 사회주의 공화국"이고 땅 넓이는 한반도의 약 1.4배인 330,363㎢이며 인구 210만 명의 하노이를 수도로 하고 3개의 특별시에 50개의 성(省)이 있습니다.

전체 7,810만 명의 인구 중 88%가 베트남 족이고 그 외에 55개의 소수 민족이 있으며 국민의 80%가 불교인이라는 통계가 있으나 태국이나 주변의 다른 불교 국가와 같이 거리에서 사원이나 승려들을 쉽게 찾아볼 수 없었습니다.

1533년에 처음으로 예수회 선교사들에 의해 복음이 전파되어 1975년 공산화될 때 10여만 명의 기독교인들이 있었습니다.

공산화된 후 공산주의자들은 기독교인들을 미국의 앞잡이로 몰아붙이며 혹독한 정치적 핍박을 가하였습니다.

교회 건물은 빼앗아 인민 위원회 사무실 또는 회당이나 창고로 썼습니다. 교역자들을 배출하였던 신학교 건물은 지금은 정부 소유의 여관이 되어 버렸습니다.

교역자는 투옥되고 신실한 믿음의 성도들은 끌려가 갖은 고난과 환난을 당하였지만 믿음을 지켰습니다. 그 결과 오히려 성도의 숫자는 점점 늘어나서 지금은 30만으로 부흥되었습니다. 억압과 핍박 속에서도 기독교는 오히려 부흥한 것입니다.

이것이 복음의 능력입니다.

비록 겨자씨만큼 아주 작을지라도 복음은 생명력 그 자체이기 때문에 복음이 전파되는 곳에 새로운 싹이 나고 그 싹은 다시 자라서 또 다른 열매를 맺어 가는 것입니다.

이번에 방문했던 사이공 외곽에 있는 '뜬냐' 교회는 건물을 공산 정부에 빼앗겼지만, 성도들은 흩어지지 않고 뺏긴 교회 건물 바로 옆에 있는 20평 정도의 가정집을 개조하여 예배를 드리고 있었습니다. 들어가 보니 그 비좁고 허름한 처소에서 주일날 장년 150여 명의 성도가 모인다고 했습니다.

이것이 하나님의 역사입니다.

건물을 뺏고 핍박하면 없어질 줄 알았는데 계속 부흥하는 것입니다. 왜냐면 교회에는 생명이 있기 때문입니다. 그 생명은 바로 예수 그리스도입니다.

인간에게는 그 누구도 해결해 주지 못하는 영혼의 문제가 있습니다. 그것은 바로 죄이고 인간은 그 죄 때문에 모두 하나님 앞에 설 수 없고 그 죄로 인해 온갖 불행과 저주가 왔습니다. 그러나 그 죗값을 예수 그리스도가 십자가에 달려 피 흘리심으로 대신 감당하셨고 우리에게는 죄의 형벌로부터 자유를 주셨습니다.

이 자유는 믿는 누구에게나 주시는 하나님의 선물입니다.

지은 죄의 형벌로부터의 자유, 이 참 자유를 전하기 위해 베트남에도 하나님의 사람들이 있었습니다. 목사가 아님에도 그리고 질시와 냉대와 핍박을 받아도 낮에는 일터에서 일하고 주일에는 처소 교회의 목회자가 되어 설교하는 사람들 말입니다. 또 이들을 훈련하고 가르쳐서 하나님의 말씀을 바로 전하게 할 사명을 가지고 사역하는 우리의 ○○선교사 같은 사람들 말입니다.

현재 ○○선교사는 비밀리에 제자 기숙사를 운영하며 12명의 젊은이를 복음으로 양육하고 있었습니다. 몇 년 뒤 이들이 베트남의 훌륭한 영적 지도자들이 될 것입니다. 그리고 기술학교를 세워 표면적으로는 그들이 필요로 하는 기술을 가르치고 이면에는 그들에게 복음을 심는 사역을 계획하고 있습니다. 이런 사역은 ○○선교사의 일이 아니라 우리의 일입니다. 아니 하나님의 일입니다. 그러기에 우리가 감당해야 할 일들입니다.

　저의 이번 베트남 방문은 세 번째입니다.

　첫 방문은 1994년 장 선교사가 처음 파송됐을 때이고 두 번째는 장 선교사의 활동이 경찰에 적발되어 추방 위기에서 힘을 잃고 있을 때 가서 위로하고 힘을 주는 방문이었습니다.

　1995년에 두 번째 방문했을 때는 오토바이와 자전거의 비율이 절반가량이었는데 지금은 거의 오토바이가 물결을 이루고 있는 모습에서 경제가 빠르게 발전하는 것을 보았습니다.

　이 나라의 경제가 빠르게 발전하듯이 복음의 역사도 점점 빠르게 전파되기를 기도합니다.

(2001. 7. 29)

키르기스 선교여행을 마치고

주님의 은혜와 성도들의 끊임없는 기도에 힘입어 11일 동안의 선교여행을 무사히 마치고 돌아왔습니다. 하나님께 찬양드리고 성도님들에게 감사를 드립니다.

이번 선교 여행의 주목적은 우리 교회가 지원하여 설립된 키르기스의 수도 비쉬켁에 세워진 비쉬켁 나제즈다(러시아어로 소망이라는 뜻) 교회의 설립 봉헌 예배를 드리기 위함입니다.

선교위원장 양승옥 장로님과 부위원장인 유병조 집사님이 사업상 모든 바쁜 일들을 뒤로하고 동행하였습니다.

중앙아시아의 카자흐스탄과 키르기스스탄 그리고 우즈베키스탄을 잇는 3개국을 여행하였습니다. 비쉬켁 나제즈다 교회를 비롯한 4개 교회를 방문하여 설교하였고 실크로드 장로회 신학교 등 두 곳의 신학교를 방문하여 특강을 하였습니다.

선교는 교회의 최우선 과제입니다.

그 무엇보다도 우선적으로 해야 할 일이며 교회가 존재하는 이유입니다. 선교학자 뉴비긴이라는 사람은 "타오름이 없는 불꽃이 아닌 것처럼 선교하지 않으면 교회가 아니다."라고 극단적으로 표현하기도 했습니다.

주님께서 교회를 세우신 첫째 목적이 바로 땅 끝까지 구원의 복음을 전하는 일이기 때문입니다. 그래서 저는 교회 건축 자체도 선교를 위해서라는 것을 기회가 있을 때마다 강조하였습니다.

말만이 아닌 행동으로 나타내고자 하는 심정에서 새 예배당 착공 예배를 드리며 이응윤 선교사 파송식을 하였고 완공 입당예배를 드리면서 김재정 선교사를 파송하기 위해 준비하고 있습니다. 김 선교사는 현재 싱가포르에서 선교훈련을 받고 있습니다. 그리고 건축하는 중이지만 선교지에 교회를 설립하여 봉헌함으로써 교회 건축도 결국은 선교를 위해서 하는 것이라는 사실을 선포하고 싶었습니다.

하나님은 이런 믿음을 받아주셔서 1,042평의 대지 위에 1,150여 평의 건물을 지을 수 있게 허락하셨습니다.

이번 선교 여행을 통해서 중앙아시아에 대한 비전을 본 것은 큰 결실 중 하나였습니다. 1992년 소련 공산 체제가 무너지면서 복음의 문이 열린 후 10년 남짓의 시간이 지난 지금, 하나님은 선교의 소외지역이었던 이곳에 놀라운 일들을 행하시고 있었습니다.

우리 교회가 해야 할 선교의 큰 틀이 잡히는 것 같았습니다. 그리고 무엇보다 이번에 방문한 김기호 선교사와 정환갑 선교사에게 큰 위로와 격려를 드릴 기회를 얻게 되어 감사했습니다.

특히 정환갑 선교사님은 가장 어려운 시기에 찾아와 주어 큰 힘을 얻게 되었다고 몇 번이나 힘주어 말했습니다.

93년에 파송 받고 지금까지 97년에 한 차례 본국에서 방문한 교단의 목사님을 맞아 본 이후 이번이 두 번째 방문이었다고 했습니다.

그 말을 하는 선교사님의 눈가에 눈물이 글썽였습니다.

처음 파송 받을 때 후원했던 4교회 중 두 교회가 담임목사가 바뀌면서 후원이 끊어지고 그렇다고 누구 한 사람 특별하게 관심을 두지 않는 선교 사역을 지금까지 하고 있었습니다.

파송 교회조차 사무적이고 행정적으로 매월 얼마씩 선교비를 보내줄 뿐 따뜻한 정이 넘치고 위로가 넘치는 그런 후원은 아닌 것 같았습니다.

어느 선교사님에게서 "파송 받은 지 일 년쯤 지나면 망망대해에 홀로 남겨진 것 같은 느낌을 받는다."라는 말을 들었는데 정 선교사님의 모습 속에서 그런 외로움과 쓸쓸함이 깃들어 있음을 보았습니다.

최근 국가의 종교정책이 더 강화되면서 선교사들이 정면에 나서서 활동할 수 없는 여러 가지 제약을 받는 처지에서도 자신의 생활비를 쪼개 6명의 신학생을 키우고 현지인 전도사의 생활비를 대주는 등 안간힘을 쏟으면서 사역하고 있었습니다.

하나님이 아시고 계시지만 때로는 사람들의 위로가 필요하였기에 우리의 발걸음을 그곳으로 향하게 하신 것입니다. 원래 일정은 키르기스를 방문한 후에 중국 연변 쪽에 조선족 교회들을 돌아볼 생각이었으나 하나님이 막판에 우즈베키스탄으로 발길을 향하게 하신 뜻이 있었습니다.

　이번에 우리의 방문으로 선교사님이 힘을 얻고 위로 받았다면 그것은 하나님이 하신 일입니다. 모든 영광과 찬양을 주님께 드리고 감사한 마음을 성도님들에게 드립니다.

(2002. 9. 29)

믿음을 지킨 증거가 있는가?

　북한 선교를 위해 힘쓰는 예랑 선교회 소속 선교사님 한 분이 중국과 북한의 접경 지역에서 북한의 여성도 한 분을 만났습니다.
　그분은 눈물로 쓴 피 맺힌 간증 문을 주셨고 그 내용을 저의 e-mail로 보내왔습니다. 내용 그대로를 소개하려고 합니다.

"그 집은 교인 집이야."
"숙청당한 집안이야."
"상종하지 말라."
"이 반동분자야."
　이런 따돌림 속에서 살아온 50여 년 세월, 오직 주님만 바라보고 살아온 한평생이었습니다.
　탄광에서 또는 첩첩산중에서 화전민으로 세상과 담쌓고 살아온 50년 세월, 우리는 항상 보이지 않는 감시 속에서 반동분자로, 정치범으로 살아 왔습니다.

　우리 자녀들은 혼인도 할 수 없었습니다.

　누구도 출신 성분이 나쁜 우리와는 혼인하려 들지 않았습니다. 그래서 우리는 믿는 형제와 자매들끼리 사돈을 해 왔던 것입니다. 그렇게 사는 사람들이 지금 평안남북도에 적어도 2천명은 흩어져 살고 있습니다.

　성경책이 발견되면 그 집안사람들은 도륙당했습니다. 기독교인들의 씨가 마르는 줄 알았습니다. 그러다가 2천 년도부터는 인덕(仁德)정치, 광폭(廣幅)정치라는 말이 나오면서 조금 느슨해진 것 같습니다. 그러나 지금도 성경책을 가진 것이 발견되고 종교 활동하는 기미가 보이기만 하면 가차 없이 처벌당합니다.

　우리는 한 번도 주일을 잊은 적이 없습니다.

　80세가 넘은 목사님도, 전도 부인도 아직 생존해 계십니다. 그런 분들이 어떻게 살아왔는지는 묻지 말아 주십시오. 스스로 죽을 수 없기 때문에 살아왔을 뿐입니다. 그분들은 살아 있는 순교자들입니다.

　남몰래 흘리는 눈물…

　주님만 바라보고 소리 없는 기도를 얼마나 해왔던가요. 긍휼히 여겨 차라리 데려가 달라고… 참으로 울기도 많이 했습니다.

　믿는다는 이유 하나 때문에 흘린 눈물이 이보다 더 많은 곳이 세상에 어디 있겠습니까?

"주 예수를 믿으라 그리하면 너와 네 집이 구원을 받으리라(행 16:31)."
하는 구절을 천에다 수를 놓아 가슴에 동이고 살면서 신앙을 잃지 않
도록 했습니다.

우리가 할렐루야를 외치며 주의 이름을 부를 수 있을 때, 십자가를 들
고 거리로 뛰쳐나갈 수 있을 때 그때는 우리가 어떻게 신앙을 지켰는
가를 보여 드릴 증거를 우리는 얼마든지 가지고 있습니다.
  살아남아있는 우리 북조선 신자들을 위해 기도해 주시오. 우리는 마
음껏 찬송을 부르고 싶습니다.

신앙을 잃지 않기 위해 성경 말씀을 천에 수놓아 가슴에 동이고 살며
신앙을 지킨 모습이 눈물겹습니다.
  그들은 한 번도 주일을 잊은 적이 없다고 말합니다.
  핍박과 환난 속에서도 믿음을 지킨 것입니다.
  그들은 언젠가 신앙의 자유가 주어져서 마음껏 할렐루야를 외칠 수 있는 날이 올 때 자신들이 어떻게 신앙을 지켰는가를 보여줄 수많은 증거를 가지고 있다고 했습니다. 신앙의 자유가 한없이 보장된 이 좋은 환경 속에서도 나태와 게으름에 빠져 주님을 바로 섬기지 못하는 우리에게 주시는 하나님의 음성입니다.
  이 글을 읽으며 생각해 보았습니다. 언젠가 주님 앞에 설 때 나는 믿음을 지킨 증거로 무엇을 주님께 보여드릴 수 있을까를 말입니다.

(2002.10.13)

김재정 선교사를 보내며

　김재정 선교사는 2002년 11월 3일에 파송을 받고 11월 8일에 현지로 출발하였습니다. 그는 파송식과 선교 훈련 그리고 본 교회 교우들과 교제의 시간을 갖기 위해 사역지를 떠나온 지 6개월여 만에 그의 애인이며 사랑하는 영적 자녀들이 있는 태국 동북부의 던커 가정교회로 다시 갔습니다.

　본 교회에 머무는 동안 한 시도 쉴 새 없이 성도들과 호흡을 같이 하며 새로 지은 교회의 선교 게시판 및 구석구석 아름답게 장식하는 일에 그의 손길이 안 미친 곳이 없을 정도로 수고를 많이 하였습니다.

　짧은 기간이었지만 우리들의 마음에 깊이 각인된 그의 모습은 주님을 사랑하는 진실함에 젖은 하나님의 딸이며 양정인의 아름다운 모습이었습니다.

　주어진 사역지에서 맡겨진 영혼들을 위하여, 우리를 대신하여 충성스럽게 헌신하실 것을 믿기에 그리고 주의 크신 팔이 언제나 함께하실 것을 믿기에 든든한 마음으로 파송했습니다.

아래의 글은 지난 3일에 있었던 파송식에서 김재정 선교사가 했던 〈답사〉의 내용입니다. 은혜받으시고 더욱 기도해 주시기를 바랍니다.

> 우리는 어제 우리 교회 역사의 한 페이지를 새로 썼습니다. 그 한 페이지를 새로 쓰기 위해 목사님을 비롯한 우리 모두는 오랜 시간, 기도와 땀과 정성을 기꺼이 쏟았습니다.
>
> 아이구구-구! 그동안의 수고 덕에 가는 곳마다 들려오는 신음소리들, 그럼에도 일손이 필요한 곳이면 언제 아팠냐는 듯 두 눈을 반짝이며 다시 일에 몰두하시는, 참으로 신기한 성도님들 앞에 지금 제가 서 있습니다.
>
> 우리 양정교회는 영혼 구원을 위해서라면 늘 전투적 자세를 갖추고 있는 교회입니다. 주님을 위해서라면 부부지간에도 누가 더 주님께 충성할까 경쟁하듯 헌신하시는 부부들로 가득 찬 교회입니다.
>
> 목사님과 장로님, 권사님들로부터 어린 꼬마들에 이르기까지 아름다운 하모니와 team work을 이룰 수 있는 교회, 서로가 위해 주고 함께 기쁨과 슬픔을 나눌 줄 아는 교회, 더 나누어 주고 싶은데 현실이 안 따라주어 안타까워하는 교회, 이것이 제가 이해하고 있는 우리 교회의 모습입니다. 어제 임직 받으신 분들이 거룩한 부담을 안고 150여 명의 영혼 구원 대상자를 하나님 앞에 바치실 때 목사님께선 목이 메어 말씀을 제대로 잇지 못하셨습니다. 너무나 순식간에 지나가버려 외부에서 오신 분들은 아마도 그게 뭔지 이해하지 못하셨을 것입니다.

그렇습니다.

한 영혼을 건진다는 것은 우리로 하여금 목이 메도록 감격하게 하는 일입니다. 그 대상자들을 적어 내려가기 위해 아마도 밤잠 설친 날들, 입 안이 까끌까끌한 날들도 있었을 것입니다. 그 영혼들을 건지기 위해선 더 무릎으로 기어야 하고 해산의 고통까지 감내해야 합니다.

선교지, 그 척박한 땅이 우리를 기다리고 있습니다.

때로 희망이 없어 보이고 걷기도 전에 넘어지기부터 해야 하는 곳이지만 그럼으로써 더 겸손해질 수 있는지도 모르겠습니다. 겸손은 나약한 자의 무기력한 선택이 아니라 강한 자만이 보여 줄 수 있는 아름다움이라고 들었습니다.

내가 가진 진리가 '겸손'이라는 바구니에 담겨 선교지의 영혼들에게 전달된다면 문화의 장벽도, 불신의 장벽도 허물어지리라 믿습니다. 이 땅에 뿌려진 수많은 외국인 선교사님들의 순교의 피를 저는 양화진이라는 곳에 가서 느끼고 왔습니다. 그분들의 희생이 있음으로 해서 우리나라는 지금 선교의 선두주자 대열에 들어섰고 세계 곳곳에서 순교의 피를 흘리고 있습니다.

우리나라를 위해 평생을 바치신 그리고 목숨을 바치신 그분들의 헌신에 조금이라도 빚을 갚을 수 있는 길이 있다면 그것은 선교에 동참하는 일일 것입니다.

이 자리는 저의 헌신을 다짐하는 자리이자 여러분의 응원을 약속받는 자리이기도 합니다. 여러분이 계시기에 부족한 제가 걸음을 내딛습니다. 연약한 저희 태국인 성도들이 점점 강해지고 있다면, 새로운 영혼들이 주님을 만나게 되었다면, 철모르는 어린 아이들이 주님만을 찬양하고 "예수님을 위해 살래요."라고 말할 수 있다면 그건 모두 여러분의 기도 덕일 것입니다.

저는 큰일을 할 수 있는 사람이 못됩니다. 그저 주님의 뜻을 따라가기 원하고 단순하게 순종하며 살기 원할 뿐입니다.

(2002. 11. 10)

군사 메들리를 부릅시다

　김재정 선교사가 사역하고 있는 던커 마을은 태국 북동부의 '넝카이' 도에 있는 아주 시골 마을입니다. 그런데 최근 이 동네에 술집과 음식점들이 들어서기 시작했습니다.
　마을 발전정책의 일환으로 마을 입구에 술집과 같은 유흥가를 조성하여 장사를 시작한 것입니다. 문제는 주일학교에 나와 하나님의 말씀을 배우던 아이들 대부분이 그곳에서 부모를 도와 일을 하느라고 교회에 나오지 못한다는 것입니다.
　어떻게 해서든지 돈을 벌어야 한다는 생각으로 아이들까지 그곳에서 일을 하게 하는 것입니다. 심지어는 학교의 선생님까지 부업으로 그곳에서 일을 한다고 합니다.

　요즘에는 가라오케 기계 두 대를 설치해 놓고 밤새 노래를 틀어 온 동네가 소음에 들끓고 있고 한 아이의 집은 부모가 그곳에서 음식 장사를 시작한 이래 아빠가 술과 도박에 빠져 부부 싸움이 잦아지게 되었고 그 아이는 교회를 거의 나오지 못하고 있다고 합니다. 그리고 세례 교육을 받던 아이들에게 그 사람들이 "왜 외국 종교를 믿으려고 하느냐." 면서 핍박을 심하게 하여 어려움을 당하고 있습니다.

이제 정식으로 교회를 세우려고 하니까 그 마을에 역사하는 사단의 세력이 최후 발악을 하는 것입니다. 그래서 김재정 선교사는 찬양을 부를 때 사단과의 영적 전쟁을 할 때 부르는 십자가의 군가로 찬양곡을 바꾸었습니다.

이름하여 군사 메들리! 평소에는 부드럽고 아름다운 곡들만 즐겨 부르던 습관이 있음에도 불구하고 전투병들에게 용감하게 전진하여 마귀와 싸울 것을 격려하는 곡들을 부르기 시작한 것입니다.

이를테면 '저 성벽을 향해', '주께서 전진해 온다', '주님과 담대히 나아가', '나는 주의 깃발 든 군사', '세상 권세 멸하시려' 등과 '환난 날에 날 부르라' 와 같은 곡들입니다.

선교는 영적 전쟁입니다. 그리고 선교사는 영적 전쟁의 최전방에 서 있는 군사입니다. 평화 시에는 언제나 팽팽한 긴장감이 감돌고 전시에는 치열하게 접전하여 싸우는 곳이 최전방입니다.

최전방에 서 있는 선교사들은 언제나 기도의 지원을 필요로 합니다. 성도들의 끊임없는 기도와 관심은 선교사들이 사단과의 영적 전쟁을 치르는 데 있어서 없어서는 안 될 보급품을 공수해 주는 수단입니다. 영적 전쟁의 최전방인 선교지로 나간 선교사들을 위해 더 큰 관심을 가지고 기도해야 하겠습니다.

 영적 전쟁은 멀리 외국 땅 선교지에서만 있는 것이 아닙니다. 복음이 전파되는 곳에서는 언제 어디서나 치열하게 전개되고 있습니다.
 지난 화요일 전도대원 한 분이 주보를 배포하러 갔다가 어떤 분에게 갖은 모욕과 창피를 다 당하였다고 합니다. 마치 죄인 대하듯 말입니다. 주님께서는 그 집사님을 크게 위로해 주셨을 줄 믿습니다.
 교회의 주보는 돈 벌기 위해서 넣는 것이 아닙니다.
 우리나라의 대표적인 건전한 교단에 속하고 지역 사회에서 잘 알려진 한 교회가 선교적 차원에서 주보를 배포하는 것을 일반 상업성을 띠는 광고 전단과 함께 취급할 수는 없습니다.

 복음을 전할 때 거기가 바로 영적인 전쟁터가 되는 것입니다. 우리가 복음을 위해 아무 일도 하지 않으면 아무런 사건도 일어나지 않을 것입니다. 창피 당할 일도 욕먹을 일도 없습니다. 그러나 악한 사단의 세력이 기뻐할 것입니다. 사단은 그리스도인들이 복음을 전하는 것을 제일 싫어합니다. 그래서 어떻게 해서든지 복음이 전파되어 하나님을 모르던 사람들이 교회에 나와서 예수 믿고 하나님의 자녀 되는 것을 반대하고 가로막는 일을 합니다.
 그러므로 우리도 군사 메들리를 부릅시다. 강하고 담대하게 예수 그리스도께서 이루신 구원의 복음이 땅 끝까지 전파되도록 씩씩한 십자가의 군가를 말입니다. (2003. 3. 9)

몽골에 '양의 우물'이

몽골에서는 한국을 호칭할 때 "솔롱고스"라고 하는데 솔롱고스는 '해'와 관련이 있는 말로 '무지개의 나라'라는 의미라고 합니다.

우리나라에서는 예로부터 몽골을 몽고라고 불렀습니다.

그런데 몽골 사람들은 몽고라고 부르면 아주 싫어합니다. 왜냐하면 '몽고'라는 칭호는 중국 사람들이 몽골 사람들을 비하하고 격하시키기 위해 "우매한 고장"이라는 뜻으로 부르는 명칭이기 때문입니다.

'몽고'의 정식 명칭은 '용감한'의 뜻을 지닌 '몽골리아'입니다. 옛날 말을 타고 중원을 누볐던 칭기즈 칸의 후예다운 자부심이 담긴 이름이라는 생각이 들었습니다.

학자들의 견해에 따르면 언어학적으로나 인류학적으로나 우리나라와 몽골과는 그 근원이 같다고 합니다. 그래서 그런지 사람들만 보아서는 외국에 온 느낌이 들지 않을 정도로 생김새가 우리나라 사람들과 같았습니다. 그리고 외국인 중에서는 오직 몽골 사람들만이 완벽하게 아리랑 노랫가락을 불러낸다고 합니다.

이번 '몽골리아' 방문은 하나님의 특별하신 계획 아래 이루어진 일이었습니다. 애초에는 우리가 태국 CPM 수련회를 인도하기 위해 갈 계획이었는데 갑자기 사스(SARS)의 영향으로 집회가 취소되었고 몽골 울란바토르 샬롬 교회의 우물을 팔 일이 생긴 것입니다.

하나님께서 우물 파는 비용 6,000달러를 준비하는 과정에서도 역사하셔서 은혜롭게 준비되게 하셨습니다. 그러나 사단은 우리가 이 방문을 못 하게 하려고 여러 가지로 방해하였습니다.

몽골도 사스의 영향권 아래 들어가게 되었고 몽골에 갔다가 돌아오는 비행기 편에서도 문제가 생겼던 것입니다.

여행사를 통해 미리 좌석이 다 예약된 상태인데 당일에 항공사의 사정으로 어쩔 수 없으니 돌아오는 좌석은 대기 상태에서 출발하라는 것이었습니다.

항공사 편의 위주로 일을 처리하는 전형적인 후진국형 태도에 황당했지만 하나님께서 선히 인도하실 줄 믿고 출발했습니다. 새벽 시간과 저녁 소제 기도회 시간에 우리 성도들이 기도했습니다.

어떤 분은 금식하며 기도하였다고 합니다. 결국 성도들의 기도를 들으시고 하나님께서 도우셔서 금요일 비행기 좌석이 확보되었습니다.

이번 방문의 주목적은 우물을 파는 일과 이수정 선교사의 수고를 위로하고 격려하기 위해서입니다.

　샬롬 교회가 있는 지역은 몽골의 수도인 울란바토르 북쪽입니다. 우리나라 60년대 철거민들의 산동네 옴팡 집들을 생각나게 하는 가난한 사람들이 사는 곳입니다.

　시 중심의 아파트 지역이 아니고는 거의 수도나 우물이 없어서 시에서 급수차로 공급해 주는 것을 한 통씩 돈을 내고 받아다가 식수와 생활용수로 쓰고 있었습니다.

　이런 지역에 샘을 파서 주민들에게 무료로 물을 공급한다면 복음을 전하는 일에 큰 도움이 될 것 같다면서 이수정 선교사가 기도하며 요청하였던 것입니다.

　이런 곳에 샘을 팠습니다.

　그리고 그 샘의 이름을 '헌니 호다끄' 즉 '양의 우물'이라고 불렀습니다.

　많은 사람이 무료로 이 샘물을 길어다 먹을 것입니다. 그리고 '수가성' 여인이 '야곱의 우물'로 물길러 왔다가 예수님을 만나 영원한 생수를 얻은 것처럼 이 샘을 통해 가난하고 목마른 수많은 영혼에 영원히 목마르지 않은 영적인 생수가 공급될 것입니다.

　국민 250만의 99%가 라마교도들이고 온갖 미신과 우상숭배에 찌든 나라, G.N.P 1,200달러의 가난한 나라 몽골리아, 그 땅 곳곳에 그리스도의 복음은 생수가 되어 흘러넘치게 될 것입니다.

(2003. 4. 27)

달라이 백(비쉬켁 소망교회 청년 이야기)

비쉬켁 소망교회에 달라이 백이라고 하는 키르기스 족 청년이 있습니다.

그는 이슬람 신학교에서 5년을 공부했습니다.
1년만 더 공부하면 이슬람의 지도자가 될 수 있습니다. 자기 사회에서 편하게 먹고 인정받으며 살 수 있는 사람이었습니다. 그가 복음을 듣고 예수를 믿자 그의 친척들과 가족이 반대하고 나섰습니다.
그의 형제들은 그에게서 믿음을 빼앗기 위해 그를 구금하고 폭력을 행사하기까지 하였습니다. 그의 아내도 이혼을 요구하고 있습니다.
가족들은 그를 받아주지 않기 때문에 더 이상 집으로 갈 수가 없습니다. 직장을 구했지만 사람들이 그를 따돌리기 때문에 직장에서도 더 이상 있을 수가 없었습니다.

2003년 5월에 처음 보았을 때 그는 잘 먹지 못하고 형제들의 구타와 괴롭힘으로 인해 얼굴에는 커다란 멍이 들어 있었습니다. 그런데 지금은 그의 얼굴에서 기쁨과 행복이 넘쳐나고 있습니다.

달라이는 여러 청년 중에 가장 부지런하고 겸손합니다. 그는 앞으로 자신이 전에 몸담고 공부했던 이슬람권 선교에 헌신하기를 원하고 있습니다.

자기 민족과 가족이 살아 계신 하나님을 믿고 구원받는 날이 오기를 기대하며 지금은 신학교에 입학하여 공부하고 있고 핍박받으면서도 형제들에게 계속 전도하였습니다.

최근에는 그의 누나 한 사람이 예수님을 영접하고 신앙을 고백하였습니다. 그런데 핍박은 그가 전도한 누나에게도 왔습니다. 예수를 믿는다는 이유로 그 남편이 그를 집에서 쫓아내고 말았습니다.

할 수 없이 비쉬켁으로 와서 직장을 구했는데 남편의 친척들이 찾아와 직장에서도 오래 있을 수 없게 만들었습니다. 그래서 갈 곳이 없게 되자 동생 달라이가 교회로 데려왔습니다.

교회로 옮겨 온 지 일주일밖에 되지 않았습니다.
그녀는 동생인 달라이처럼 순박하고 진실한 모습이 흘러넘치는 여인입니다.
동생으로부터 복음을 듣고 기꺼이 주님을 따르겠다고 신앙을 고백한 후 자신에게 닥치는 모든 힘든 일들을 믿음으로 극복하려고 하는 그의 모습이 안쓰러웠습니다.

달라이와 그의 누나는 신앙 때문에 모든 것을 잃은 것 같으나 그리스도를 얻었습니다. 그리고 믿음의 동역자들을 얻었습니다. 하나님이 주시는 마음의 평강을 얻었습니다.

그들은 자신들을 핍박하는 가족이나 친지들을 원망하지 않았습니다. 이혼을 요구하는 아내나 남편을 위해 기도하고 있습니다.

이번 중앙아시아 개혁신학교 종강 예배를 드리면서 얼마나 감사했는지 모릅니다. 하나님께서 우리 교회를 통해 복음의 황무지인 키르기스에 교회를 세우고 신학교 사역을 할 수 있게 하신 것에 대하여 말입니다.

앞으로 중앙아시아 개혁신학교가 중앙아시아 선교에 놀랍게 쓰임 받는 학교로 발전하리라 확신합니다. 달라이 같은 형제들이 앞으로 얼마나 많이 나올지 상상만 해도 가슴이 설렙니다.

우리 신학교를 통하여 사도 바울 같은 사람 한 명만 키워낸다면 우리 교회와 성도들이 받을 상급은 말로 다할 수 없을 것입니다.

(2003. 12. 28)

불교의 나라 태국

　우리에게 불교의 나라, 관광의 나라, 미소의 나라로 알려진 태국은 인도차이나반도의 중앙에 자리 잡고 있습니다. 서쪽으로는 미얀마, 북으로는 라오스, 동으로는 캄보디아, 남쪽으로는 말레이시아와 국경을 맞대고 있지만 역사적으로 단 한 번도 외세에 속국이 되어 본 적이 없는 나라입니다.
　자유의 땅이라는 의미가 있는 정식 국명인 타일랜드(Thailand)라는 말에서 태국 사람들의 자존심과 자부심을 느낄 수 있습니다.

　사람들은 대부분 온순하고 친절합니다.
　처음 만난 사람에게도 미소를 지어 보이고 인사할 때는 머리를 숙이며 두 손을 모아 코끝에 갖다 댑니다. 이런 인사법은 만남, 존경, 감사와 용서의 의미를 갖는 것으로 누구를 만나든지 항상 그렇게 인사합니다.

머리를 소중히 알고 발은 천히 여기는 습성 때문에 어린아이들이라도 머리를 쓰다듬어 주거나 만지는 것은 대단한 실례이며 발끝을 다른 사람에게 향하게 하거나 발바닥을 보이는 것도 큰 실례를 범하는 것이라고 합니다.

모든 국민이 불교를 신봉하고 있다고 해도 과언이 아니라고 할 정도로 전체 국민의 94%가 불교 신도이며 전국에 3만여 개의 사원과 30만 명의 승려가 있고 태국 헌법에 "국왕은 불교 신도여야 하며 불교의 후원자이다."라고 명시되어 있을 정도로 태국은 대표적인 불교의 나라입니다.

불교의 나라답게 승려들은 언제나 일반인들의 존경 대상이며 어디서나 최상의 우대를 받고 사람들은 승려들에게 시주하는 것을 최고의 영예로 생각합니다.

시내 어디에서나 승려들에게 시주하는 것을 쉽게 목격할 수 있습니다. 태국 국민이라면 누구나 일생에 한 번은 3개월에서 3년 정도 절에 들어가 생활하는 수도승으로서의 과정을 거쳐야 하고 이를 자신의 최고의 명예로운 경력으로 자랑합니다.

태국인들의 삶은 그 자체가 불교이며 모든 것이 불교에 기초하고 모든 분야에서 불교가 최우선을 차지하고 있습니다.

이런 불교의 나라에 1882년 최초의 선교사가 태국 땅을 밟은 이후로 1879년 종교관용법에 따라 종교의 자유가 인정되면서 선교의 문이 열려 활발하게 선교활동이 전개되어 현재까지 1000여 개의 교회가 세워지고 약 2,000여 명의 선교사가 활발하게 활동 중이지만 아직 복음화율은 0.4%밖에 되지 않는 복음의 황무지입니다.

저는 지금 CPM 선교관에서 이 글을 쓰고 있습니다. CPM은 교회 설립 선교회(Church Planting mission)의 약자로 태국의 76개 도(道)마다 주님의 교회를 한 개씩 세워나간다는 비전으로 설립된 선교회입니다.

우리 교회는 CPM에 이응윤, 최은숙 선교사 부부와 김재정 선교사를 파송하여 76개도 가운데 북부 지역 17도에 주님의 교회를 세우는 사역을 전개하고 있습니다.

이번 방문은 김재정 선교사의 사역지인 북동부 농카이주 던커 마을에 있는 전도처를 방문하여 그곳 성도들과 교제하며 마을의 불신자들을 초청하여 준비해 간 공연을 하며 복음을 전하는 사역을 하고 3박 4일 동안 열리는 CPM 소속 전 교회 수련회에 참석하기 위해서입니다.

우리 교회 역사상 초등부 학생 6명을 포함하여 22명이 함께하는 선교 여행은 이번이 처음입니다. 모두 바쁘고 어려운 환경에서도 태국어 찬양, 율동, 찬양극 그리고 영상을 준비했고 아주 좋은 열매를 맺게 될 것입니다.

이번에 참가한 모든 분과 뒤에서 후원하고 기도하는 모든 성도에게 주님의 크신 은혜가 있기를 바랍니다. (2004. 4. 4)

-2004년 3월 29일 태국 방콕에서-

키르기스 비쉬켁에서

현재 지구상에는 254개의 나라가 있습니다. 그중에 기독교인이 한 명도 없는 나라도 있습니다. 세계 인구 60억 인구 중에 기독교인은 30.6%에 지나지 않습니다. 100명이면 70명은 지옥으로 가고 30명만이 천국으로 가고 있다는 것입니다.

만일 여러분이 목장을 경영하는데 100마리의 젖소 중에서 30마리만 살고 70마리가 죽었다면 어쩌시겠습니까? 얼마나 심각한 노릇이겠습니까?

우리는 선교의 심각성을 못 느끼고 있지만 주님은 목장의 주인처럼 그 심각성을 느끼시고 하나님 목장의 죽어가는 수많은 영혼을 구원하는 일에 헌신할 일꾼들을 찾고 있습니다.

감리교의 설립자인 웨슬리가 성령 체험을 강력하게 한 후 1746년 6월 25일 존 스미스(John Smith)에게 보낸 편지에서 "저는 그리스도의 복음을 전하지 않으니 차라리 죽는 것이 낫습니다."라고 말했습니다.

구세군의 창시자인 윌리엄 부스는 "장차 종교는 있으나 성령이 없고 교회는 있으나 예수가 없는 시대가 오게 될 것이다."라고 말하였습니다.

성령의 충만함이 없는 교회, 예수가 없는 교회는 선교하지 않습니다. 차갑고 냉랭한 도덕적 종교의식은 있어도 영혼 구원에 관한 열정이나 뜨거움으로 말미암는 헌신은 사라지게 됩니다.

미국 휴스턴 감리교회 찰스 목사님이 자기 교회 교인들의 신앙생활을 자세히 조사해 보았습니다. 등록 교인 중에 20%는 정기적인 주일예배에 출석하지 않고 있었습니다. 25%는 규칙적인 기도생활을 하지 않고 있었으며, 35%의 교인들은 일주일 내내 한 번도 성경을 읽지 않았고, 40%의 교인들은 헌금을 전혀 드리지 않았습니다. 그리고 60%의 교인들은 기독교 서적을 단 한 권도 읽지 않았고, 75%의 교인들은 교회 내에서 어떤 책임도 지지 않고 있었습니다.

그리고 85%의 교인들은 단 한 사람에게도 전도해본 적이 없었다고 합니다.

그런데 놀라운 것은 100%의 교인들 모두가 축복받고 천국 가기를 희망하고 있었다는 사실입니다. 이것이 오늘날 현대 교인들의 신앙의 현실을 적나라하게 나타내 주고 있는 것입니다.

우리가 모든 죄에서 용서받고 하나님의 자녀가 되고 구원받았다는 것은 주님을 위해 무엇인가 해야 한다는 사명감을 받은 것을 의미합니다. 그리고 우리가 해야 할 일은 바로 영혼 구원을 위해 전도하고 선교하는 일입니다.

저는 지금 키르기스스탄의 수도인 비쉬켁의 방시몬 선교사님 댁에 머물면서 이 글을 쓰고 있습니다.

우리 교회가 방시몬 목사님을 이곳에 파송한 것도 이번에 제가 이곳에 온 것도 선교 때문입니다. 하루 종일 기독 대학을 세울 건물 부지를 보러 다니면서 몇 년 전 우리 교회가 송천동으로 오기 전, 이전을 위해 땅을 보러 다니던 때가 생각이 났습니다.

장소가 좋으면 돈이 모자라고 돈이 된다 싶으면 장소가 너무 외지고 멀어서 맘에 안 들었던 기억이 납니다.

아직 여력이 부족한 상황이지만 그래도 힘껏 쓰임 받기를 바라며 또 어디엔가 보아둔 좋은 건물이 있다는 방 선교사님의 말을 들으며 집을 나설 참입니다. 하나님이 선히 인도해 주시기를 기도해 주십시오.

베트남에 성경책과 찬송가책 30,000권이 필요합니다. 베트남은 20년 동안 공산당에 의해 탄압받았습니다. 성경책을 인쇄하지 못하였습니다. 7천5백만 명의 인구 중에 0.8%만이 기독교인입니다.

0.8%인 60만 명만이 천국으로 가고 있고 99.2%인 7천4백4십만 명의 사람들은 지옥으로 가고 있는 것입니다.

이들에게 2천 원짜리 성경 찬송가 3만 권이 필요합니다.

일제 강점기 총독부의 고위 관리가 월남 이상재 선생에게 5만 원을 내놓으면서 "이 돈을 드릴 테니 고향으로 가셔서 여생을 편안하게 지내시는 것이 어떻겠습니까?"라고 말했습니다.

총독부가 돈으로 이상재 선생을 매수하려 했던 것입니다.

계란 한 꾸러미에 5전 하던 시절에 5만 원은 거금이 아닐 수 없습니다.

그러나 이상재 선생은 돈의 유혹에 넘어갈 분이 아니었습니다. 선생은 "나는 하늘로부터 타고 나기를 편안하게 일생을 마치지는 못하게 되어있다."라고 하니 총독부의 고위 관리가 할 말을 더 잇지 못했다고 합니다.

돈 앞에서 마음 약해지지 않는 사람은 없습니다.

세상의 모든 문제가 돈 때문에 일어납니다. 푹푹 찌는 삼복더위 속에서도 변함없이 주님을 사랑하는 우리 양정의 식구들에게 멀리 선교지에서 이 편지를 씁니다.

(2004. 8. 8)

선교의 눈

1971년 7월 30일 달에 도착하여 월면차(Moon Buggy)를 타고 달 표면을 시속 11km로 9.6km의 거리를 주행하고 돌아온 아폴로 15호 우주비행사 제임스 어윈은 "나는 우주여행을 하면서 그리고 달을 주행하며 우주 모든 곳에 가득 찬 하나님의 임재와 사랑을 체험했다."라고 했습니다.

그는 우주 공간에서 황홀하도록 아름다운 작은 지구를 바라보며 "하나님이 세상을 이처럼 사랑하사 독생자를 주셨으니…"라는 요한복음 3장 16절의 성경 말씀을 계속하여 묵상하였다고 합니다.

그 후 그는 복음 전도자가 되어 '콜로라도 스프링스'에 전도 본부를 두고 전 세계를 다니며 이 우주 속에 던져진 연약한 인생들을 사랑하시는 하나님의 사랑을 증거하는 선교사로서 20년을 섬기다가 1991년에 여생을 마쳤습니다.

그렇습니다.

제임스 어윈이 깨달은 것처럼 하나님은 사랑이십니다. 죄에 빠진 인생들을 구원하기 위해 독생자 아들 예수 그리스도를 이 땅에 보내어 십자가를 지게 하셨습니다. 죄에 빠져 영원히 망할 인생들을 살리기 위해 자기 아들을 죽이신 것 이것이 하나님의 사랑입니다.

그 사랑을 검은 대륙 아프리카에서도 보았습니다.
가난과 질병, 열악한 환경 그곳에도 주의 말씀을 들고 찾아간 선교사들이 있었기 때문입니다.
그곳에도 사람이 있었습니다. 하나님이 창조하신 사람들, 비록 몸 색깔은 우리와 전혀 다른, 정말 이해할 수 없을 정도로 까만 모습이었지만 그들에게도 하나님이 주신 몸과 생명이 있습니다. 그들을 향한 하나님의 사랑의 날개는 활짝 펼쳐져 있었습니다.

우리 일행은 가는 날 오는 날 합하여 11박 12일 동안 9인승 승합차로 2,300여 km를 여행하여 두 나라 콩고와 우간다의 각 중요 지역을 방문하였습니다. 거의 하루에 10시간 정도를 차를 타고 이동하는 여행을 했습니다.

가는 곳곳마다 가난에 신음하는 모습이었습니다.
수십 년 외세의 식민 통치, 부족 간의 갈등과 내전으로 헐벗고 굶주린 모습이었습니다. 사탕 하나 빵 한 조각에 그렇게 고마워하고 기뻐하는 모습이 측은하였습니다.

바울이 예루살렘에 갔다가 로마도 보아야 하리라고 고백하며 로마 선교를 가슴에 품었던 것처럼 우리 교회는 동아프리카 우간다로 최정호 선교사 가족을 파송함으로 아프리카를 가슴에 품었습니다.
이번 우간다와 콩고 방문을 통해서 아프리카에 대한 이해와 하나님의 뜻이 무엇인가를 더 새롭게 그리고 확실하게 알게 되었습니다.

아프리카는 선교지 후보 선호도의 우선순위에서 밀려납니다. 그것은 일단 거리가 멀다는 이유 때문입니다. 지금은 항공편이 많이 좋아지기는 했어도 그래도 약 20시간 정도를 가야 하고 비용도 많이 들어갑니다. 그래서 가까운 동남아 지역보다 한국 선교사의 수가 적습니다.
이번에 방문한 콩고 동부에는 외국인 선교사가 거의 없는 실정이었습니다. 인구 2,600만 명에 남북한 4배의 넓이를 갖는 우간다에도 한국 선교사 15가정이 전부였습니다.
이재환 선교사는 "검은색이 아름답다."라고 했습니다. 검어도 그렇게 검을 수 없는 아프리카 사람들 그러나 그들의 영혼은 맑고 순수했습니다. 비록 가난과 미신에 찌들어 있는 영혼들이었지만 하나님의 사랑은 그들에게나 우리에게나 동일합니다. 검은색을 아름답게 볼 수 있는 눈, 그것은 사랑의 눈 곧 선교의 눈입니다.

(2005.11.13)

선교사 영성 수련회와 성지 비전 트립을 마치고

하나님의 은혜로 2006년 2월 5일 주일 저녁에 출발하여 2주간의 일정으로 우간다에서 열린 동남 아프리카 선교사 영성 수련회와 이집트 카이로에서부터 예루살렘까지 성지 비전 트립을 잘 마치고 돌아왔습니다.

영성 수련회에서 선교사의 리더십과 우리 교회가 지금까지 어떻게 선교해 왔는가를 간증하는 시간을 가졌습니다.

참석한 선교사님들 모두가 감동과 도전을 받았다고 고백했습니다. 한 선교사님은 학교를 세우고 우물을 파고 처음에는 4-5시간씩 물을 길러가는 동네 사람들을 위해 우물을 개방했습니다. 그런데 차츰 물을 떠 가려는 사람들이 많아지면서 학교의 면학 분위기가 깨어져서 고민 끝에 학교에 담을 치고 우물을 떠가지 못하게 했습니다. 그러나 한편으로 마음이 편치 않았는데 이번에 선교사의 리더십에 대한 강의를 듣고 우물을 동네 사람들에게 무조건 개방하기로 다시 결심했다고 했습니다.

　약함으로 이끄는 리더십, 끌어안고 베풂으로 이끄는 리더십, 낮아짐으로 섬김으로 사람들을 감동시켜 이끌어가는 리더십에 관한 강의를 듣고 마음을 바꾸기로 결심한 것입니다. 그리고 우리 교회가 지금까지 몸부림치며 걸어온 선교 이야기와 하나님께서 어떻게 우리 교회와 함께하셨는지에 관한 간증을 듣고 모두 놀라워했습니다. 그리고 큰 도전과 위로가 되었다고 고백했습니다.

　이번 선교사 수련회를 통해 현장에서 선교사님들이 함께 모여서 같이 기도하고 찬양하며 말씀으로 새롭게 무장하고 위로받는 기회를 얻는 것이 참으로 중요하고 귀하다고 생각했습니다. 우리 교회가 선교사님들을 위한 이런 집회를 열어서 위로하고 격려하는 일을 해야 하겠다는 생각도 했습니다.

　수련회를 마치고 바로 우간다에서 이집트의 카이로로 날아가서 우리 교회 성지 순례 비전 트립 팀과 합류했습니다. 굳이 이번 성지 순례를 비전 트립이라고 한 것은 성지 순례가 단지 관광이 아니라는 것을 나타내기 위해서였습니다. 우리 교인들 17명과 나머지 이리 선교교회 목사님 내외를 포함하여 다른 교회 성도들 모두 36명이 함께한 이번 성지 순례 팀은 말 그대로 선교 비전 트립이었습니다.

　일찍이 예수님은 그의 제자들에게 땅 끝까지 복음을 전하라는 말씀을 하시고 승천하셨습니다. 복음이 시작된 땅, 그곳에서 바라본 땅 끝은 바로 그곳이었습니다. 650만 명의 유대인들이 살고 있지만 0.2% 밖에는 예수 믿는 사람이 없는 땅, 그러기에 그 땅이 바로 예수님이 바라본 땅 끝이었습니다.

  지금까지 복음은 서진(西進)해 왔습니다.
  예루살렘에서 시작하여 소아시아 지역으로 로마로 유럽으로 그리고 미국으로 그리고 극동아시아 한국으로⋯ 이제 한국에서 피어오른 복음의 꽃은 계속해서 중국과 동남아시아로⋯ 그렇게 해서 계속 서진하여 지구를 한 바퀴 돌면 그 끝, 바로 거기가 복음의 출발지인 예루살렘입니다. 선교는 결국 유대 민족에게 전파되는 것으로 끝이 날 것입니다.

  주님은 "이 천국 복음이 모든 민족에게 증거되기 위하여 온 세상에 전파되리니 그제야 끝이 오리라."라고 했습니다. 복음 전파와 예수님의 재림과는 밀접한 관계가 있다는 것입니다.
  선교는 교회의 본질적 사명입니다. 주님께서 이 일을 위해 교회를 세우셨고 또 그의 제자 된 우리에게 부탁하셨기 때문입니다.
  이번 여행은 성지를 관광하는 차원에서가 아니라 주님의 눈으로 성지를 바라보기를 바랐습니다. 하루하루 피곤한 일정에도 불구하고 저녁 시간마다 뜨겁게 기도하고 말씀을 나누는 선교 집회를 했습니다. 빚진 자의 심정으로 그 땅을 관광지가 아닌 선교지로 바라보기를 원했습니다.
  일정을 마치는 날 밤 우리는 함께 모여 자신이 받은 은혜와 도전에 대해서 말하는 기회를 가졌습니다. 다른 교회에서 함께 참여한 분들을 비롯하여 모든 성도가 선교에 대한 도전을 받았다는 고백과 간증을 했습니다. 보내는 선교사로서의 사명을 감당하겠다는 새로운 다짐과 결단을 하는 시간을 가졌습니다.

성지 순례가 단순한 관광이 아니고 이슬람 사람들처럼 숭배를 위한 여행이 아니라 선교지로서 그리고 예수님과 성경의 기록들에 대한 생생한 역사의 현장을 체험한다는 차원에서 이루어진다면 일생에 몇 번이라도 아니 꼭 한 번이라도 다녀오는 것은 큰 의미가 있다고 생각했습니다.

(2006. 2. 19)

인도의 12억 영혼을 바라보며

　인도의 인구는 12억 명으로 중국 다음으로 인구가 많은 나라입니다. 인구의 35%가 15세 이하의 청소년이고 54%가 24세 이하의 청년층인 젊음의 나라, 그러면서 인구 증가율이 세계에서 가장 빠른 무한한 가능성과 잠재력을 지닌 나라가 인도입니다.
　중국과 함께 급격한 경제성장을 이뤄가고 있지만 국민의 정신세계를 지배하는 힌두교의 영향으로 고질적인 신분 차별(카스트) 제도와 심각한 빈부 격차로 몸살을 앓고 있기도 합니다. 도시 곳곳에 살 집이 없는 사람들이 천막을 치고 사는 빈민가가 있는가 하면 자체 기술로 원자폭탄을 개발하여 보유하고 있고 인공위성을 발사하여 운용하고 있는 막강한 군사력과 경제적 잠재력을 지닌 나라이기도 합니다.

　저는 지금 인도 중부지역에 속한 '하이데라바드'라는 도시에서 이 글을 쓰고 있습니다. 사도 바울이 "로마도 보아야 하리라."라고 꿈꾸었던 것처럼 언제부터인가 제 마음속에 '인도도 보아야 하리라.'는 마음이 있었습니다. 그래서 인도 방문의 기회를 엿보던 중에 이번에 LMTC 해외 정탐 훈련생들과 함께 인도를 방문하게 되었습니다. 교회에서 지난 월요일 새벽 4시에 출발하여 부산에서 8시 40분발 방콕 행 비행기에 몸을 싣고 5시간 30분을 비행하여 방콕 공항에 도착한 후 8시간을 기다려 인도의 '하이데라바드' 행 비행기로 갈아타고 현지에 도착하니 밤 12시가 넘었습니다.

한국과 3시간 30분의 시차가 있어서 첫날의 긴 하루를 그렇게 보내고 다음 날 화요일부터 오전에는 선교사님들의 강의를 듣고 오후에는 선교 현장을 돌아보는 일정으로 진행되었습니다. 선교사님들은 "힌두의 나라", "소를 신으로 섬기는 나라", "불교가 시작된 나라"라는 제목으로 강의하였고, 이를 통해 단편적이고 피상적인 인도에 관한 지식이 깨어지고 인도라는 나라가 어떤 나라인지를 구체적으로 아는 기회가 되었습니다. 그리고 인도에서의 선교 사역이 어떤 정신과 어떤 방향으로 전개되어야 할 것인지와 구체적인 인도 선교에 대한 비전들을 들으며 큰 도전을 받았습니다.

예수님의 제자 도마가 인도에 와서 전도하다가 순교한 이래 2천 년의 복음의 역사를 가졌지만 아직도 기독교인들은 2.5% 정도밖에 안 되고 전 세계 639개의 미전도 종족 중에 절반에 가까운 310개가 인도에 있습니다. 복음의 황무지이며 교회 개척의 황금어장과도 같은 나라가 인도입니다.

현재 인도에 400여 명의 한국인 선교사들이 활동하고 있지만 거의 북부지역과 남부지역에 몰려 있고 중부지역엔 현재 GMS 소속 8가정과 그 외에 다른 교단 소속 선교사님들까지 약 50여 가정만이 중부지역 선교를 감당하고 있다고 합니다. 우리가 만난 선교사님들은 5가정이 팀을 이루어 주로 교회 개척 사역과 보육원 사역 그리고 에이즈 환자들을 돌보는 사역을 하는 분들이었습니다. 5가정 모두가 서로 다른 사역을 하고 있었지만 서로의 사역을 공유하면서 협력하고 있는 모습이 참으로 아름다워 보였습니다.

이번 선교지 정탐을 통하여 또 한 번 느끼고 깨달은 것은 우리가 얼마나 많은 축복을 받았는가 하는 것입니다. 국가적 경제부흥과 한국 교회의 부흥이 단지 우리 자신들만을 위한 것이 아니라는 것입니다. 아직도 복음을 듣지 못한 수많은 사람이 있습니다. 선교지에서 만난 선교사마다 이구동성으로 기도해달라는 부탁을 했습니다. 인도 땅 12억 명의 영혼 중에 아직도 복음을 전혀 들어 본 적이 없는 사람들 10억 7천 2백만 명의 영혼이 있습니다. 이들을 사로잡고 있는 3억 3천만 개의 귀신들이 있습니다. 인도 땅에 성령의 기름 부으심을 위해 기도합시다. 보냄을 받은 사역자들을 위해 기도합시다.

(2010. 2. 28)

태국 짜이마이 교회 헌당식

 칠 년 전 대전의 한 교회가 2년 단기 선교사로 파송한 스물네 살의 한 처녀가 태국 북동부의 한 작은 도시로 갔습니다. 그녀는 현지인들처럼 살면서 만나는 사람들에게 열심히 복음을 전했지만 예수님을 영접하는 사람이 한 명도 없었습니다.

 약속 된 기간이 끝나갈 무렵 아무런 열매도 없이 떠나야 하는 아쉬움을 달래며 귀국 준비를 하고 있던 어느 날 "네가 지금까지 이곳의 영혼들을 위해 흘린 땀이 아깝지 않으냐?"라는 주님의 음성을 듣고 그녀는 마음을 바꿔 사역 기간을 1년 더 연장하였습니다. 그런데 그때부터 하나님의 역사가 나타나기 시작했습니다. 그렇게 딱딱하고 복음에 관심이 없던 사람들이 예수님에 대한 관심을 갖기 시작한 것입니다. 그 해에 4명이 예수님을 영접하고 훈련을 받아 세례를 받게 되는 기적이 나타났습니다.

태국 북동부의 '넝키 교회'는 그렇게 시작되었습니다. 한 처녀 선교사의 헌신이 주님의 교회가 세워지는 일에 초석이 된 것입니다. 4명의 세례교인을 길러낸 그녀는 임기를 마치고 귀국했습니다. 그 후 '방콕 바이블칼리지(Bangkok bible college)'를 졸업한 그 지역 출신 수리아가 담임 교역자로 파송되었습니다.

수리아 전도사는 '넝키 교회' 담임 목회자로 초청을 받았을 때 거기는 자신의 고향이기 때문에 "선지자가 고향에서 인정받지 못 한다."는 예수님의 말씀을 떠올리며 수락하지 않았습니다. 그런데 어느 날 꿈에 자신의 아버지가 나타나서 울면서 "망하게 되었도다." "망하게 되었도다."라고 소리치는 것을 보게 되었습니다. 그는 주님께서 꿈을 통해서 복음을 듣지 않으면 망하게 될 고향 사람들을 위해 가라는 메시지를 주셨다고 깨닫고 주님의 명령에 순종하기로 작정했습니다.

수리아 전도사가 넝키 교회에 전도사로 부임한 후 예비 된 영혼들이 예배에 참석하면서 부흥했습니다. 철저한 불교 신자였던 어머니도 예수님을 영접하였고 그의 어머니는 자기 땅 400평을 교회 부지로 헌납하였습니다. 그 후 꾸준히 부흥하여 현재 30~40여 명이 모이는 교회로 성장하였습니다. 지금까지 '넝끼' 시내 근처에 있는 건물을 세내어 예배 처소로 사용하다가 수리아 전도사 모친이 바친 교회 부지가 있어 교회당 건축을 해야 할 필요성이 대두되었고 결국 싱가포르의 조안나 성도가 3천만 원을 헌금하여 새 예배당을 건축하여 헌당하게 된 것입니다.

하나님은 '넝키 교회'를 향한 놀라운 계획을 가지고 계셨고 그 계획을 신실한 주의 종들을 사용하여 진행하시고 계신다는 것을 보게 되었습니다. 개척자인 한 처녀 선교사의 헌신, 그를 보낸 파송교회와 성도들의 헌신, 특히 이번에 예배당 건축에 필요한 재정을 헌금한 '싱가포르 글로리아 교회' 조안나 성도의 헌신은 참으로 감동적이었습니다.

그녀는 단기 선교 출발하기 직전 남편이 갑자기 사망하는 슬픔을 당하였지만 장례식을 마치고 그다음 날 팀들과 합류했습니다. "괜찮겠느냐?"라는 모든 이들의 걱정 어린 질문에 "떠나신 분은 떠난 것이고 살아 있는 사람은 주님의 일을 감당해야 되지 않겠냐."라고 말하며 남편의 죽음으로 인한 슬픔 그 자체를 주님께 올려드리는 고백으로 모든 이들의 마음을 울렸습니다.

그녀는 "주님께서 자신에게 무엇을 원하시는 것일까?"에 대한 질문을 가지고 선교 일정을 진행하는 중에 '넝키 교회'를 방문했고 그 교회 예배당을 건축하는 일에 주님께서 자신을 사용하시기를 원하신다는 사실을 깨닫게 되었습니다. 그녀는 성령의 감동에 즉시 순종하여 헌금을 약속했고 '넝키 짜이 마이 교회' 건축은 그렇게 이뤄지게 되고 헌당식을 통하여 하나님께 영광을 돌리게 된 것입니다.

(2013. 8. 25)

태국의 7천만 영혼들에게 복음을

산티팝 선교회 컨설팅에 참석하기 위해 지난 화요일 태국의 수도 방콕에 다녀왔습니다. 언제나 그랬던 것처럼 이번에도 저 혼자가 아니라 함께하는 성도들이 있음에 감사했습니다. 길이 멀고 힘들어도 함께하는 여러분들이 있으니 행복하게 걸을 수 있습니다. 목회는 목사 혼자 하는 게 아닙니다. 많은 분들의 눈물과 땀방울이 모아지고 목사의 기도와 헌신을 통해서 주께서 이루어 가심을 믿습니다. 선교도 그렇습니다. 양정교회 교인으로 있다는 것은 본인이 알든 모르든 담임목사와 동역하는 것이며 하나님 나라의 일꾼으로 쓰임 받고 있는 것입니다.

선교사도 그렇습니다. 내가 갈 수 없는 곳에 나를 대신해서 내가 해야 할 일을 하는 사람들이 선교사들이기 때문에 그분들은 더없이 소중한 사람들입니다. 우리 교회는 주님의 지상 명령인 땅 끝 선교를 감당하기 위해 세워졌습니다. 12가정의 선교사를 세계 여러 곳으로 파송하여 최후 한 영혼이 주께 돌아 올 때까지 주의 뜻을 받들어 헌신하고 있습니다. 우간다에도 방글라데시에도 중국에도 필리핀에도 보냈습니다.

특히 태국에는 2001년 이응윤 목사를 1호 선교사를 파송한 것을 시작으로 김재정, 김선진, 강미라, 김윤형, 김도형 등 6명의 장단기 선교사를 차례로 파송하였고 그중에 김재정, 김도형, 강미라 선교사는 현재도 사역하고 있습니다. 우리 교회는 태국 사역을 효과적으로 진행하기 위해 현지 선교 단체인 '산티팝 선교회'와 함께 사역하고 있습니다. 이 단체에 선교사를 파송하여 일하게 하며 운영경비와 사역비 일부 등 인적, 재정적 지원을 적극적으로 협력하고 있습니다.

'산티팝 선교회(SMI)'는 "태국 7천만 영혼에게 그리스도의 복음을 77개 도마다 그리스도의 교회를"이라는 슬로건을 내걸고 태국 77개 도마다 교회를 한 곳씩 세워서 태국 7천만 영혼들에게 그리스도의 복음을 전하는 것을 목표로 하는 선교 단체입니다. 20년 전 태국 영혼들을 향한 주님의 마음을 받은 김정배 선교사가 태국 선교에 헌신하면서 몇 명의 평신도 선교사와 전도하여 결실한 태국인 성도들과 함께 만든 선교회입니다. 싱가포르에도 지부가 있고 미국에도 뜻을 같이하는 사람들이 함께 기도하며 동역하고 있습니다.

국내에서는 태국 선교에 뜻을 같이하는 11개의 교회가 교회설립 선교회를 (CPWM) 만들어 사역단체인 산티팝 선교회에 선교사를 파송하며 후원하는 일을 하고 있습니다. 이번 태국 방문은 지금까지 산티팝 선교 20년의 사역을 점검하고 앞으로 더욱 발전하게 하기 위해 진행되는 컨설팅에 CPWM의 회장 자격으로 참여하여 말씀을 전하고 선교사들을 격려하고 왔습니다. 저는 귀국하였지만 다른 선교사님들은 지금까지 사역의 열매로 세워진 16개의 현지 교회들을 돌아보기 위해 내일부터 전국 투어를 떠나는 일정이 진행됩니다. 함께하고 싶었지만 가능하면 선교지에 가도 주일은 본 교회에서 지키겠다는 나 자신과의 약속 때문에 금요일에 돌아왔습니다.

태국은 계절적으로 본격적인 더위가 시작되는 시기입니다. 그런데 예년과 같으면 공항에 내리는 순간 숨이 막힐 정도의 무더위가 느껴졌어야 하는데 이번에는 그런 느낌을 받지 못했습니다. 우리나라가 이상 기후 현상으로 봄 없이 여름이 오는 것 아닌가 하고 염려하는 것처럼 태국에도 이상 저온 현상이 있는 것 아닌가 하는 생각을 했습니다. 그렇다고 하더라도 태국은 여전히 태국이었습니다. 더웠습니다. 그런데 한여름 더위가 일 년 내내 지속 된다고 생각해 보십시오. 특히 우리 산티팝 소속 선교사들은 대부분 시골 지역에서 개척자로 사역하기에 모든 것이 열악하고 힘들게 사역합니다. 이번 모임에 참석한 선교사님들의 얼굴에 지치고 힘든 모습이 역력했습니다. 그럼에도 말없이 충성하는 헌신을 보았고 눈물을 보았습니다. 컨설팅 과정에서 드러나는 실수와 잘못된 것들을 겸허하게 받아들이며 주의 십자가 정신에 순종을 다짐하고 서로의 아픔을 다독이며 위로하며 흘리는 눈물을 보았습니다. 이런 눈물이 마르지 않는다면 7천만 영혼을 향한 산티팝의 비전은 반드시 이뤄질 것입니다.

이번 주에는 인도네시아 서부 지역 선교사 수련회를 인도하러 갑니다. 여전히 교우들의 기도와 후원이 필요합니다. 오래전에 약속된, 즉 일곱 이레 특별 새벽 작정 기도 계획 이전에 정해진 약속이어서 변동할 수가 없었습니다. 여전히 성도 여러분들과 함께 가렵니다. 말씀과 기도로 선교사들을 위로하고 격려하여 하나님 나라 일을 이루는 일에 최선을 다해 쓰임 받기를 원합니다. 계속되는 새벽 작정 기도와 무시로 주와 동행하는 삶 가운데 항상 기도로 함께 해 주시기를 간절히 부탁합니다. 이 글을 읽는 모든 성도들에게 은혜와 평강이 넘치기를 기도합니다.

(2014. 4. 6)

방글라데시 선교지 방문을 마치고

하나님의 은혜와 성도님들의 기도로 한 주간 선교지 방문 일정을 잘 마치고 돌아왔습니다. 중국○○을 경유하여 방글라데시 ○○에 파송되어 언어 훈련 및 문화 적응 훈련을 받고 있는 박○○ 선교사 부부를 만나 격려하고 앞으로 진행하여야 할 사역의 방향과 목표들에 대한 의견을 나누었고 우리 국제학교 학부모와 함께하는 운동회에도 참여하고 돌아왔습니다.

선교지에 갔다 올 때마다 항상 느끼는 것은 내 나라 내 고향 같은 곳이 없다는 것입니다. 기후며, 산천초목이며, 사람들이며 심지어 하늘의 별과 달과 태양까지도 내 삶의 터전이 있다는 것 그 자체만으로도 정말 놀라운 은혜요 축복이 아닐 수 없습니다.

연일 36도를 넘는 습하고 무더운 바람에 여기저기 쓰레기 썩는 악취가 코를 막아서 토악질을 할 것 같은 지저분하고 더러운 그 속에서 아무렇지도 않게 일상의 삶을 살아가며 누가 뭐래도 세상에서 가장 행복하다고 느끼는 사람들이 많은 나라, 거기가 바로 방글라데시입니다. 단 며칠이라도 나더러 거기서 살라면 나는 아마도 손목이 휘도록 손사래 치고 달아날 것 같은데 박oo 선교사 부부는 잘도 견디고 있었습니다.

 언어의 진보도 빠르게 나타나고 있고 현지 다른 동료 사역자들과도 아주 좋은 관계를 유지하며 나름대로 잘 적응하고 있었습니다. 박 선교사 부부를 보내 놓고 그저 잘 있겠거니 하고 진작에 가보지 못한 미안함이 늘 마음 한구석에 있었는데 금년에 선교위원회 아시아부 부장의 책임을 맡은 권용주 집사를 비롯하여 6명이 팀을 이루어 다녀왔습니다.

 방글라데시는 한반도의 1.5배밖에 안 되는 땅에 인구 1억 8천 명으로 인구 밀도가 높은 나라 중에 하나입니다. 2011년 아시아 개발 은행이 발표한 자료에 따르면 GNP 678달러로 빈부의 격차가 심하여 하루 2달러 미만으로 사는 극빈층이 전 국민의 75% 이상이나 되는 아주 가난한 나라입니다.
인구 대부분이 모슬렘이지만 가난해서 그런지 다른 모슬렘 국가에 비해 비교적 선교 활동이 자유로운 나라이기도 합니다. 이러한 나라에 보냄을 받은 박○○ 선교사 부부는 언어 및 문화 적응 훈련을 하면서 선배 선교사인 김○○ 선교사의 사역을 도와 '밧다라' '학교'에서 컴퓨터와 성경을 가르치고 한센씨병 정착촌 아이들을 위한 기숙사에서 영어를 가르치며 그들을 돌보는 일을 하고 있었습니다.

이번 선교지 방문을 통해서 다시 한번 깨닫고 느낀 것은 파송 교회에서 성도들이 선교사를 방문하는 일이 얼마나 그들에게 위로와 격려가 되는가 하는 것입니다. 선교사들은 선교사이기 전에 한 인간입니다. 주님의 부르심에 응답하여 자신의 삶을 송두리째 드리고자 하는 마음으로 선교지로 가지만 때로는 무인고도와 같은 척박한 영적 환경에서 한 인간으로서 느끼는 고독감에 휩싸이기도 하고 한 연약한 인간으로서 자신만 아는 내면의 아픔과 상처들로 인해 괴로워하며 그것들로 인해 결정적인 실패와 좌절을 경험하기도 합니다.

특히 고향의 부모 형제와 친척 지인들을 떠나 1년 이상 또는 수년간 이방 문화권에서 살면서 동시에 파송교회로부터 오는 사역의 열매에 대한 부담감은 커다란 스트레스로 작용하여 몸과 마음과 영혼까지 지쳐버리게 하고 좌절하게 할 수 있습니다.

더욱이 신앙생활이 자유롭지 못한 공산권이나 모슬렘 권에서는 선교사라는 신분 자체가 갖는 스트레스가 커서 자신의 영성을 유지하는 것조차도 힘들기 때문에 영적 충전이 되지 않아 작은 문제 앞에도 위축되어 용기를 잃고 두려워하고 불안해하는 모습을 보이기도 합니다.

그러므로 파송교회는 선교지에서 들리는 선교사들의 마음의 소리에 민감하게 귀를 기울여야 합니다. 그들의 아픔을 함께 아파해주고 그들의 절망에 함께 있어 주는 것이 진정한 선교입니다. 단 하루 이틀을 머물다 가는 그 발걸음이 고마워 연신 눈시울을 적시는 그 눈물에 담긴 많은 이야기를 들을 수 있어야 진정한 선교 사역을 감당하는 것이 아닐까요?

(2014. 6. 1)

남아공 선교사 수련회

하나님의 은혜로 지난 6월 29일 출국하여 열흘 동안 남부 아프리카 지역 GMS 선교사 수련회를 인도하고 지금 돌아가는 비행기 안에서 이 글을 쓰고 있습니다. 우리나라에서 아프리카 그것도 남부 아프리카는 너무 멀리 있어서 모든 면에서 생소하고 낯선 땅입니다. TV에 나온 열대 우림과 맨발의 부시맨, 그리고 수많은 짐승 떼를 생각하는 정도가 전부입니다.

공간적으로 너무 멀다 보니 단편적인 지식과 낭만적인 정서로 접근하는 것이 전부입니다. 그런데 거기에 동물의 왕국에 나오는 짐승 떼가 아닌 하나님의 은혜를 받아야 할 가난하고 병든 수많은 영혼들이 있습니다. 복음을 듣지 못해서 온갖 귀신과 우상에 매이고 독재자에게 매여 가난이 가난인지도 모르고 천국이 있음도 모르고 지옥이 지옥인지도 모르고 살아가는 수많은 하나님의 자녀들이 있었습니다.

이들 역시 복음을 듣고 하나님의 은혜를 받아야 하지만 그럼에도 불구하고 이곳은 거리가 멀고 낙후되었기 때문에 선교사 숫자도 적고 후원교회나 단기 팀의 방문도 흔치 않으며 GMS 임원이나 총무가 이런 행사에 참석해서 격려하는 일이 결코 쉽지 않다는 것입니다. 그래서 이곳 선교사들 입장에서 때때로 서자 취급받는 것 같은 느낌을 받을 때가 있다고 합니다. 금년이 20번째 지부 수련회인데 처음으로 GMS 부이사장님이 왔다고 제가 온 것 자체만으로도 은혜가 되고 행복하다고 이구동성으로 말하며 환영해 주었습니다.

사실 저는 이번에 GMS 부이사장의 자격으로 간 것은 아닙니다. 지부 수련회에 오셔서 은혜를 끼쳐 달라는 선교사님 한 분의 요청을 받고 지극히 개인 자격으로 갔습니다. 그럼에도 선교사님들은 부이사장으로 저를 대해 주었던 상황이기 때문에 모두가 본부의 행정과 최근 상황에 대해 궁금증을 가지고 있었고 각자의 아프고 힘든 사정을 풀어놓을 때 제가 알고 있는 범위 내에서 답변하고 격려하고 위로했습니다. 이런 저를 선교사님들은 마치 고향에서 친정아버지가 온 것 같다며 좋아했고 그런 모습들을 보면서 그 멀리 찾아간 보람을 느끼며 행복했습니다. 그렇지만 마음 한편에는 왠지 애잔하게 밀려오는 아린 마음을 떨쳐버릴 수가 없었습니다. 아프리카는 지역적인 특성상 어느 교회가 선교사를 보내는 일이 쉽지 않기 때문에 남아공, 나미비아, 마다가스카르, 에스와티니, 모잠비크, 짐바브웨 등 남아프리카 지역에 우리 교단 GMS 선교사의 수가 30가정도 채 안 될 정도로 적었습니다. 그것도 남아공에만 21가정이 있어서 아직도 선교사가 한 가정도 들어가지 않은 나라들이 있었습니다.

이 부분은 GMS가 지닌 선교사 배치의 문제점이기도 합니다. 일단 한국에서 거리가 가까워서 접근성이 쉬운 곳에는 필요 이상으로 선교사들이 몰려 있고 공간적으로 멀어서 접근성이 떨어지는 곳에는 보내려는 교회도 없을 뿐 아니라 가려는 선교사도 적다는 것이 문제입니다. 그리고 파송을 받았다 할지라도 왕래가 쉽지 않다 보니 시간이 흘러가면서 파송교회와 후원자들의 관심으로부터 점점 멀어질 수밖에 없다는 것입니다.

그렇다고 선교사가 자주 귀국하여 자신의 입장을 설명하고 후원자나 협력자를 모으고 관리한다는 것도 쉽지 않습니다. 그래서 그런지 이번에 만난 선교사님들의 모습에서 소외되고 사람들의 관심으로부터 멀어지는 것에 대한 쓸쓸함과 두려움 그리고 서러움이 느껴져서 마음이 아렸습니다.

파송교회와 후원자들의 더 많은 관심이 필요하다는 생각을 했습니다. 그리고 혼자가 아니라 GMS라는 울타리가 있음을 피부로 느낄 수 있게 해야 할 필요성이 있다는 생각을 했습니다. 왜냐면 개인 자격으로 갔는데도 부이사장이라는 직분 때문에 선교사들이 느끼는 위로와 격려는 대단하였기 때문입니다.

선교사들이 오랫동안 선교지에서 살다 보면 자신들도 모르게 영적으로 고갈되고 갈급해집니다. 몸과 마음이 지쳐 병들기도 합니다. 사역에 대한 부담뿐 아니라 파송교회와 후원자들의 후원 지속에 대한 약속의 불확실성 때문에 느끼는 스트레스가 보통이 아닙니다.

특히 후원이 중지되고 파송이 해지된 선교사들은 당장에 재정적인 어려움을 겪으며 첩첩이 포위된 적진에 홀로 남겨진 느낌을 받습니다. 이들에게 필요한 것은 그러한 상황을 극복할 수 있는 용기와 믿음입니다. 그리고 용기와 믿음을 갖게 하는 에너지는 말씀과 기도 그리고 사랑하는 이들의 위로와 격려로 공급되는 것입니다.

비슷한 처지의 동역자들끼리 함께 모여 교제하며 하나님의 말씀으로 채움을 받고 뜨겁게 기도하다 보면 하나님의 어루만짐이 임합니다. 하나님의 치유가 임하는 것입니다. 그래서 이런 선교사 영성 수련회가 중요하다는 생각을 했습니다.

설교를 들으며 간간이 눈물을 닦아내는 선교사님들이 있었습니다. 그 누구도 알 수 없는 홀로 아픈 것들이 있었고 하나님의 어루만짐과 위로가 말씀 가운데 임한 것입니다. 이번에 저와 동행한 박재인 목사도 새벽 설교를 통해서 감동스러운 말씀으로 은혜를 끼쳤습니다.

주님께서 말씀을 통해 저를 사용하심에 대한 감사와 기쁨이 충만했습니다. 미국 집회를 다녀온 후 주일 예배 후에 바로 그 먼 아프리카로 떠나오기 전 날, 갑자기 코피가 터질 정도로 지친 몸을 가지고 왔지만 은혜 받고 힘을 얻는 선교님들을 보면서 주님이 저들에게 필요한 것을 채워주시기 위해 나를 보내셨다는 생각을 했고 선교에 올인하는 담임목사에게 늘 우선순위에 밀려 있는 것이 아니냐며 애정에 찬 투정을 하면서도 언제나 기도와 물질로 지원을 아끼지 않는 성도님들이 감사했습니다.

갈 때보다 더 길게 느껴지는 16시간의 좁은 비행기 안에서의 지루한 시간도 하나님이 나의 신실한 동역자로 허락해 주신 교우들의 모습을 그리며 넉넉한 여유로움으로 견디고 있습니다. 일정을 잘 마무리할 수 있도록 기도해 주신 모든 교우들에게 감사드리고 재정 후원으로 동참한 교우들에게 주께서 100배로 채워주시기를 축복합니다.

(2016. 7. 10)

선교지에서 온 편지

　연일 폭염이 계속되고 있습니다. 이 무더위도 견디고 이기게 하시는 주님의 은혜가 양정의 식구들과 이 글을 읽는 모든 이들에게 충만하게 임하시기를 기도합니다. 저는 두 주 전 남아공에서 있었던 GMS 남부 아프리카 지부 수련회를 인도하러 갔었습니다. 비행기 안에서 16시간, 갈아타는 시간까지 합하면 20시간을 날아간 그곳에 길게는 20년 짧게는 3년의 세월을 주님 한 분 바라보고 외로움과 고독에 지쳐서 그래서 위로와 쉼과 격려가 필요한 사람들이 있었습니다.

　그들은 알아주는 이 없어도 주님이 아시면 된다는 생각으로 스스로 위안을 삼고 앞만 보고 달려가는 선교사들입니다. 모잠비크에서 오신 한 선교사님은 시간마다 집회 참석을 잘 못할 정도로 건강이 악화되어 있었지만 그래도 은혜받아야 하기에 7시간을 차를 몰고 왔다고 했습니다. 그리고 말씀을 통해서 주시는 위로와 도전을 받고 기뻐하는 모습을 보았습니다.

오늘은 수련회를 마치고 돌아온 후에 참석했던 선교사님들이 보낸 편지를 소개하는 것으로 목회 칼럼을 대신하려고 합니다. 내용이 칼럼에 수록하기에 너무 길어서 뜻이 바뀌지 않는 범위에서 편집하여 게재함을 이해해 주시기 바랍니다.

첫 번째 편지(스와질랜드 이윤경 선교사)

흩어져 사역하던 동역자들을 일 년 만에 만나는 반가움과 모국어로 함께 찬양하며 예배하는 큰 기쁨과 감격으로 첫 예배에 임했습니다. 먼 길을 오셔서 쉬지도 못하시고 말씀을 전해주시는 박재신 목사님께 너무나 감사하는 마음으로 말씀에 귀를 기울였습니다. 풀어주시는 한마디 한마디의 말씀에 큰 위로와 격려를 받았습니다. 아무에게도 말 못 하고 주님 앞에서 마음으로 되뇌었던 생각, 고백, 푸념과 넋두리까지 다 아시는 듯, 그대로 세밀하게 말씀해 주시니 가슴 저미는 감격으로 '아멘' 하며 힘을 얻고 소망을 안게 되었습니다.

계속 이어지는 말씀의 생수를 통해 우리의 약함, 실수, 허물, 죄와 또 잘하는 것까지도 다 아신다는 말씀과 과거는 용서하시고, 현재는 용납하시고, 미래를 믿어주시고 기다리신다는 말씀을 감사함으로 받았습니다. 오랫동안 우리를 기다려주시고 참아주신 하나님께 감사했습니다. '천국 비전'과 '불 끄지 말라'의 말씀도 벅찬 가슴으로 받았습니다. 나의 정체성을 재정리하며 갈 길을 밝혀주는 말씀에 새 소망을 품고 돌아왔습니다. 그리고 마지막 날 새벽 말씀을 통해 사역을 위해서는 건강이 따라줘야 하기에 운동도 하나님의 일이라는 말씀에 아멘하며 그 말씀에 순종의 길을 걷기로 주님 앞에서 남편과 약속했습니다.

수련회를 마치고 돌아와 벌써 일주일이 지났습니다. 운동도 하나님의 사역이라는 말씀을 실천하려고 5시 30분에 일어나 새벽 기도를 하고 동네를 걸으며 땅 밟기 기도를 하고 저녁에는 공원을 몇 바퀴씩 돌며 운동을 열심히 하고 있습니다. 이제부터 성령의 인도하심 따라 순례자의 길을 걷는 아름다운 선교사의 삶을 살겠습니다. 내게 주신 은혜와 우리에게 주신 사랑으로 말미암아 영광의 걸음을 걷게 하심을 하나님께 감사하며 기도함으로 나아가겠습니다.

두 번째 편지 (남아공 김은희 선교사)

지난해 GMS 지부 수련회에 참석했던 저희는 개인적으로 참으로 어렵고 힘든 시기를 지나고 있을 때였습니다. 그때 강사로 오셨던 박재신 목사님의 "내 사랑아 어여쁜 자야 일어나 함께 가자"라는 말씀은 제게 너무도 큰 위로와 힘이 되었습니다. 사역의 현장에서 어려움과 아픔, 실망과 상처들이 있지만 여전히 나를 어여삐 여기시며 변함없는 사랑으로 품어 주시는 주님께서 삶의 아픔들을 떨쳐내고 "일어나서 함께 가자"라고 이끄시는 그 손길을 느낄 수 있었기 때문입니다.

금년에는 저희 가정이 지부 임원으로서 수련회를 준비했습니다. 준비하는 과정에서 목사님이 작년 수련회 때 오셨었는데 금년에도 또 오신다는 소식을 들었습니다. 작년에는 GMS 부이사장님으로 오셨기에 이유 있는 사랑이었다면 금년에 그런 이유가 없음에도 또 한 번의 먼 걸음을 하신 것은 정말 아무 이유 없어도 선교사들을 사랑하신 사랑 때문이라고 생각합니다. 이유 없는 사랑이었기에 감사함이 배가 되었습니다.

이번 수련회를 통해서 "떠나라, 버려라, 가라"는 하나님의 명령에 온전한 순종으로 응답한 아브라함과 같은 삶이었는지 자신을 돌아보는 귀한 시간이었습니다. 주의 명령 앞에 순종해서 아프리카 땅끝까지 왔지만 믿음으로 발을 내딛기보다는 현실적인 계산에 안주할 때가 많았음을 고백하며 회개하게 되었습니다.

또한 문제들 앞에, 주님의 뜻을 묻고 잠잠히 기다리기보다는 인간적인 지식과 경험, 능력으로 대처하려 했던 실수가 잦았음을 회개하였습니다. 그럼에도 불구하고 우리의 실수까지도 사용하시어 합력하여 선을 이루시는 주님. 그 주님 앞에 우리의 부족함과 연약함까지도 고백하며 우리를 정결케 하시고 온전케 하셔서 하나님 나라 확장을 위한 거룩한 도구로 사용하시는 주님을 찬양하지 않을 수 없었습니다.

수련회를 통해 받은 은혜와 말씀을 붙들고 삶의 자리로 사역의 현장으로 다시 나아가는 우리 선교사님들을 축복하며 귀한 섬김에 함께하신 박재신 목사님과 양정교회에 감사함을 전합니다. 주님 안에서 사랑합니다. 축복합니다.

(2017. 7. 23)

추방당한 선교사들의 아픔을 보며

중국은 사회주의 국가로 외국인들의 선교나 종교 활동이 자유롭지 못한 나라들입니다. 이 지역에서 활동하는 선교사들은 무엇보다 정상적인 예배 생활을 할 수 없고 동역자 상호 간의 정보교환 및 교제가 자유롭지 못하게 되어 영적 탈진 상태에 빠지는 경우가 많습니다. 자기 사역을 적극적으로 홍보할 수 없기 때문에 공개적으로 후원자를 모집하는 일이 한계에 직면합니다. 그래서 이 지역 선교사들의 재정 상태는 다른 어느 지역 선교사들보다 훨씬 더 열악한 현실입니다.

특히 중국은 최신 컴퓨터 기술 및 빅데이터를 활용하여 치밀한 감시체계를 구축하였고 2018년 2월 1일부터 새로운 종교법이 발효되어 종교인과 종교 단체에 대한 감시를 강화하였습니다. 선교사들의 활동이 인터넷이나 전화 등에 의해 도청되고 감시됩니다. 그동안 신분을 위장하여 선교활동을 하던 선교사들이 비자를 받는 일이 더욱 어려워지게 되었고 심지어는 누적된 데이터에 의해 추방되는 선교사들의 숫자가 점점 늘어나고 있습니다.

한중 수교 이래 수교 추방된 우리 교단 선교사들은 59가정입니다. 그 중에 26가정이 2017년 1월 1일부터 올 2018년 6월까지 1년 6개월 동안에 추방되었습니다. 지난 15년 동안 추방된 전체 숫자 59가정의 약 45%를 차지하고 있습니다. 이러한 상황은 앞으로 중국 정부의 특별한 변화가 없는 한 계속 증가될 것으로 예측되어 중국 선교가 아주 어려워질 것으로 예상됩니다.

추방된 선교사들은 여러 가지 고통을 당합니다. 어느 날 갑자기 모든 것을 내려놓고 몸만 빠져나와야 하는 상황에서 현장에서 받은 충격 외에 파송 교회와 후원자들의 태도에서 큰 아픔과 상처를 받습니다. 추방된 직후 귀국하여 국내에 거주하게 되었을 때 파송 교회로부터 어떤 보호나 위로 그리고 사역의 방향에 대한 어떤 지도나 케어를 받지 못하는 경우가 있고 심지어 파송이나 후원을 중지 당하는 경우가 있기 때문입니다.

2017년 1월부터 금년 2018년 6월 말까지 추방된 선교사 26가정 중에 10가정이 파송 교회로부터 특별한 이유 없이 교회 사정이라는 이유로 파송이 중지 되거나 후원이 중단되었습니다. 이들 중에 5가정은 다른 후원교회로 연결이 되었지만 아직도 5가정은 후원교회를 찾지 못하고 있는 상황입니다. 추방된 직후 파송을 중지하는 이러한 현상은 파송교회가 중국 선교의 특수성을 이해하지 못한 데서 오는 현상입니다.

중국은 사역의 열매를 당장에 볼 수 없는 곳입니다. 장기적으로 인간관계를 형성하여 복음을 전해야 하는데 단기간에 열매가 보이지 않는다고 파송을 중단하거나 또는 자의로 철수한 것이 아니라 강제 추방되었음에도 파송 교회가 취하는 후원 중지라는 극단적인 대처는 선교사들에게 크나큰 상처를 주는 처사입니다.

선교사는 나를 대신해서 현장에 가서 일하는 또 다른 나입니다. 그래서 파송교회들은 책임감을 가지고 그들을 돌보고 적극 후원해야 할 책무가 있습니다. 추방되는 선교사들은 대개 장기간 거주하면서 사역의 노하우가 있고 능력 있는 시니어 급 선교사들입니다. 선교지에서 추방당하는 것은 그들이 열정적이며 적극적으로 일을 했다는 방증이기도 합니다.

우리는 추방당한 선교사들이 선교지에서 추방당한 것을 부끄러워하거나 미안해하지 않고 그 자체를 본인들이 영광스럽게 인식하도록 그들의 사역을 적극적으로 평가하고 지지하며 격려해야 합니다. 그리고 그들이 영적이며 심리적 안정을 취할 수 있도록 일정 기간 안식년을 갖도록 배려하고 사역 재배치 등을 통해서 파송을 유지해야 할 필요가 있습니다.

중국 선교는 급변하고 있습니다. 중국의 경제 발전은 이미 복음을 무조건 수용적이게 하였던 빈곤 상황을 벗어나서 산업화 도시화 함께 경제 대국으로 발돋음하여 일반 대중들은 복음의 비수용적 태도가 심화되는 상황으로 급변하고 있습니다. 게다가 정치적으로 일인 독재체제가 강화되면서 체제 안정을 위해서 선교사들의 활동이나 중국 교회에 대한 압박도 심해질 것으로 예상됩니다.

보내는 선교사인 우리는 그분들이 행복하고 담대하게 사역을 감당할 수 있도록 세심한 배려와 적극적인 후원을 아끼지 말아야 합니다. 그분들은 내가 가야 할 그곳에 나를 대신해서 내가 감당해야 할 주님의 명령을 대신 수행하고 있기 때문입니다.

(2018. 7. 1)